周期性行业企业的资产结构与资本结构的杠杆效应

裘 丽 著

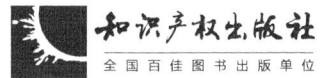

图书在版编目（CIP）数据

周期性行业企业的资产结构与资本结构的杠杆效应 / 裘丽著 . —北京：知识产权出版社，2019.7
ISBN 978–7–5130–6270–1

Ⅰ.①周… Ⅱ.①裘… Ⅲ.①上市公司—资产结构—研究—中国 ②上市公司—资本结构—研究—中国 Ⅳ.① F830.91

中国版本图书馆 CIP 数据核字（2019）第 099347 号

内容提要

本书在对已有的研究成果加以总结和创新的基础上，将宏观经济周期、中观行业变量与企业微观层面相结合，系统考察宏观经济因素、行业特征因素及企业财务战略安排中杠杆程度对上市公司绩效的影响。

责任编辑：刘晓庆　　　　　　　　　　　　责任印制：孙婷婷

周期性行业企业的资产结构与资本结构的杠杆效应
ZHOUQIXING HANGYE QIYE DE ZICHAN JIEGOU YU ZIBEN JIEGOU DE GANGGAN XIAOYING

裘　丽　著

出版发行：知识产权出版社 有限责任公司		网　　址：http://www.ipph.cn	
电　　话：010–82004826		http://www.laichushu.com	
社　　址：北京市海淀区气象路 50 号院		邮　　编：100081	
责编电话：010–82000860 转 8363		责编邮箱：laichushu@cnipr.com	
发行电话：010–82000860 转 8101		发行传真：010–82000893	
印　　刷：北京九州迅驰传媒文化有限公司		经　　销：各大网上书店、新华书店及相关专业书店	
开　　本：787mm×1000mm　1/16		印　　张：10.75	
版　　次：2019 年 7 月第 1 版		印　　次：2019 年 7 月第 1 次印刷	
字　　数：140 千字		定　　价：48.00 元	

ISBN 978–7–5130–6270–1

出版权专有　侵权必究
如有印装质量问题，本社负责调换。

前　言

　　周期性行业作为构成国民经济领域的重要组成部分，具有行业波动较为显著的特征，因而周期性行业的持续稳定发展对于国民经济具有不可忽视的重要意义。当下，很多周期性行业存在产能利用率严重不足、经济效益低下等问题，如何引导周期性行业的良性发展已成为上至国家决策机构、下至企业管理者与投资者都十分关注的重要论题。

　　关于周期性行业的特点及财务管理战略，很多人从经验出发总结了一些理论上的认识，但从企业经验数据的角度对周期性行业进行实证研究的文献少之又少。本书试图弥补这方面的空白，从实证的角度检验宏观经济因素、行业周期性特征对企业的资产结构、资本结构、盈利能力的影响，以及在经济周期作用下资产结构与资本结构对周期性行业所产生的杠杆效应。

　　周期性行业的发展受到宏观经济周期与行业周期的深刻影响，因而其经营具有非常重大的不确定性和复杂性，经营利润也具有比较强烈的波动性和风险性。本书基于相关理论基础，并在对已有的研究成果总结和创新的基础上，将宏观经济周期、中观行业变量与企业微观层面相结合，系统考察宏观经济因素、行业特征因素，以及企业财务战略安排中杠杆程度对上市公司绩效的影响。

本书以我国 2000—2014 年间 A 股上市公司为研究样本，选取了来自 2176 家上市公司的 19020 个观察值，以防御性行业作为对照样本，着重从经营杠杆、财务杠杆、利润率等角度实证检验了周期性行业的财务特征。通过对上市公司大样本的实证分析，笔者得出以下结论：

（1）周期性行业的经营杠杆和财务杠杆程度显著高于防御性行业，并且其经营杠杆与财务杠杆较防御性行业具有更大的波动性。企业在经济周期的不同阶段会相应地调整企业的资产结构和资本结构，以充分利用杠杆的效应。周期性行业的调整幅度尤其显著。这也验证了我国企业对于资本结构目标的管理符合权衡理论的解释，企业管理者在财务战略管理上存在择时行为。

（2）关于盈利能力方面的特征，笔者发现周期性行业利润率的波动性比防御性行业更大。经济周期扩张期企业的利润率高于经济周期紧缩期的利润率，经济周期扩张期企业的利润率增长速度高于经济周期紧缩期的利润率增长速度。对于经济周期的不同阶段进行分组检验发现，周期性行业对于经济周期波动对企业盈利能力所产生的影响相对于防御性行业更为敏感，具体表现为周期性行业相对于防御性行业在经济扩张期具有相对优势，在经济紧缩期具有相对劣势。这说明宏观经济因素是周期性行业盈利波动的重要驱动因素。

（3）对于周期性行业企业的杠杆特征对企业盈利性的影响这一论题，笔者以采矿业为周期性行业的代表，进行了实证研究。研究结果表明，在经济扩张期，经营杠杆与财务杠杆的提高将导致盈利指标增长率的正向变化；在经济紧缩期，经营杠杆与财务杠杆的提高将导致盈利指标增长率的负向变化。这个结果验证了杠杆的双刃剑效果，杠杆所发挥的作用方向与企业未来的盈利方向紧密相关。当未来具有正向盈利时，经营杠杆与财务杠杆就会发挥正向作用。

此时，杠杆程度越高，越能为股东带来更多的收益。反之，当未来出现亏损时，经营杠杆与财务杠杆就会发挥负面效应。此时，杠杆程度越高，给股东带来的损失也越多。为了补充单一行业研究的片面性，笔者又选择了周期性行业中的一个企业作为研究对象，对中国远洋的杠杆效应进行了案例分析。分析结果同样证实了杠杆具有助涨助跌的双重作用——在经济环境乐观、企业保持盈利时对企业利润具有向上的调节作用；在经济环境萧条、企业经营惨淡时具有负向的破坏作用。

对该命题的检验虽然仅得到了代表性周期性行业的数据验证，但并不能说明其他行业及周期性行业之外的行业不存在类似情况；只能说周期性行业的检验结果较为显著，能够得到较为明确的结论。但杠杆的作用的确是在周期波动显著的周期性行业中表现得更为强烈，因为周期性行业高杠杆与利润波动剧烈的特点决定了在这类企业中杠杆会产生更大的放大作用。同时，由于固定资产规模巨大、固定资产达产期较长等原因，杠杆策略的调整会有较为明显的滞后期。因此，对这类企业来说，提前预判市场形势、根据市场需求部署未来的投资计划显得尤为必要。

因此，当一个企业处于周期性行业中时，企业的管理者需要特别注意经济环境的变化趋势并据此调整自己的投资策略与融资策略。企业管理者在制定财务策略时必须结合宏观经济环境与行业发展机遇，通过合理安排资产结构与资本结构，选择在有利的机会适度投资与举债以借助杠杆的作用发展壮大；在不利的时机规避高杠杆所带来的不利影响。当行业拐点即将来临时，管理者需要提前做出预判，为即将发生的转变进行储备。如何适时地、充分地利用与发挥杠杆的作用？其中的一个基本的原则就是在行业高峰期要特别谨慎，而在行业触底时则要特别进取。

目 录

第1章 引 言 ·· 1
  1.1 研究背景 ·· 1
  1.2 研究意义 ·· 3
  1.3 研究方法 ·· 4
  1.4 研究路线与框架 ·· 6
  1.5 主要创新点 ·· 8

第2章 理论基础与文献综述 ··· 10
  2.1 理论基础 ·· 10
    2.1.1 经济周期理论 ·· 10
    2.1.2 生命周期理论 ·· 13
    2.1.3 资本结构相关理论 ·· 16
    2.1.4 经营杠杆与财务杠杆原理 ····························· 21
  2.2 文献回顾 ·· 26
    2.2.1 资产结构的影响因素 ···································· 26
    2.2.2 资本结构的影响因素 ···································· 27
    2.2.3 企业绩效的影响因素 ···································· 30

第3章 经济周期与周期性行业的界定······34

3.1 经济周期的概念······34
3.1.1 关于中国经济周期的研究······34
3.1.2 本书对中国经济周期的划分标准······36
3.2 行业分类标准······38
3.3 周期性行业的界定与描述······40
3.3.1 周期性行业的定义······40
3.3.2 周期性行业的特点······43
3.3.3 周期性行业与防御性行业的划分······45
3.3.4 关于我国周期性行业的描述性统计······48

第4章 周期性行业的杠杆特征······52

4.1 理论分析与文献回顾······52
4.2 研究假设······54
4.3 研究设计······56
4.3.1 样本选择与数据······56
4.3.2 变量描述······59
4.3.3 模型设计······63
4.4 实证检验······65
4.4.1 描述性统计······65
4.4.2 相关性检验······70
4.4.3 回归分析······71
4.5 主要结论······77

第 5 章 周期性行业的盈利性分析 ··· 79
5.1 理论分析与文献回顾 ·· 79
5.2 研究假设 ·· 80
5.3 研究设计 ·· 82
5.3.1 样本选择与数据 ·· 82
5.3.2 变量描述 ··· 83
5.3.3 模型设计 ··· 86
5.4 实证检验 ·· 88
5.4.1 描述性统计 ·· 88
5.4.2 相关性检验 ·· 94
5.4.3 回归分析 ··· 94
5.5 主要结论 ··· 108

第 6 章 周期性行业经营杠杆与财务杠杆对企业盈利能力的影响 ···················· 110
6.1 理论分析与研究假设 ·· 111
6.2 研究设计 ··· 113
6.2.1 样本选择与数据 ·· 113
6.2.2 变量描述 ··· 114
6.2.3 模型设计 ··· 115
6.3 实证检验 ··· 116
6.3.1 描述性统计 ·· 116
6.3.2 回归分析 ··· 117
6.4 结论与政策性建议 ··· 120

第7章 中国远洋杠杆特征与盈利波动性分析 ··············123

7.1 行业分析ꞏꞏ123
7.1.1 航运业简介 ··············123
7.1.2 航运业特点 ··············124
7.1.3 航运业景气指数与波动周期 ··············125
7.2 中国远洋的基本情况 ··············126
7.2.1 公司主营业务介绍 ··············126
7.2.2 公司船舶持有情况 ··············128
7.3 中国远洋的财务数据分析 ··············131
7.3.1 主要财务指标 ··············131
7.3.2 主要利润率指标 ··············134
7.3.3 经营杠杆与财务杠杆对企业绩效的影响 ··············135
7.4 结论与建议 ··············137

第8章 结论与政策性建议 ··············139

8.1 结论 ··············139
8.1.1 经济周期、行业周期性对企业杠杆特征的影响 ··············140
8.1.2 经济周期、行业周期性对企业盈利性的影响 ··············140
8.1.3 周期性行业企业的杠杆特征对企业盈利性的影响 ··············141
8.2 政策性建议 ··············142
8.3 局限性及研究展望 ··············145

参考文献 ··············147
致 谢 ··············155

第 1 章 引 言

1.1 研究背景

2008 年经济危机横扫全球,世界经济陷入一轮衰退周期,中国市场也明显受到牵连。在需求不振、出口受挫的情况下,中国政府当时出台了"四万亿元投资计划",试图以投资拉动需求,刺激经济回暖。然而,过去几年的经济发展情况证明,当年的投资扩张计划虽然在提振经济方面发挥了一定作用,但同时也不可避免地带来了一些负面影响。有评论指出,中国经济结构本来就存在诸多行业落后、产能过剩的问题,这四万亿元人民币投下去,经济结构问题、产能过剩问题也凸显出来。反映在具体行业上,受影响较为显著的有钢铁、水泥和铝等工业行业,这一系列产品在出口市场转弱、房地产价格下跌及金融紧缩的情况下反而继续增加产量。这些行业大多涉及受经济周期波动影响较大的周期性行业。

目前,我国经济面临的结构不合理、传统工业领域产能严重过剩等经济问题已引起了人们的极大关注。在 2015 年 11 月 10 日召开的中央财经领导小组第十一次会议上，习近平总书记第一次提出了"供给侧改革"的概念。习近平总书记在这次会议中指出，在适度扩大总需求的同时，着力加强供给侧结构性改革，着力提高供给体系质量和效率。所谓"供给侧改革"，即强调生产的供给方面。国民经济的平稳发展取决于经济中需求和供给的相对平衡。中国当前的产业发展现状是有效需求不足、诸多领域供给过剩、供给结构不均衡。当年的"四万亿元投资计划"就是只注重需求刺激，忽略了供给问题，这种投资刺激导致的结果就是供给方出现了严重的产业结构失衡，产生了供给不足与供给过剩共存的现象：一方面，有些传统落后工业供给严重过剩；另一方面，有些行业比如新兴行业又面临供给不足的发展限制。

供给过剩的情况主要出现在哪些行业呢？主要存在于一些传统工业领域，钢铁、煤炭、有色、水泥、电解铝、平板玻璃和船舶工业等行业都面临着产能利用率严重不足，企业效益低下等的严重经营困境。如果不能合理地解决产能过剩和亏损的问题，不仅会造成全行业亏损、职工失业、增加银行不良贷款、加剧能源资源紧张和生态环境恶化局面，还会影响产业的健康发展，乃至国家经济增长方式的调整与转型。

目前，存在产能严重过剩的这些行业有显著的特征，即大部分行业体现出明显的周期性行业特征，并且关系到国计民生的重要领域。而这些行业之所以会出现产能过剩，并不仅仅是由于一次偶然的大规模投资计划的刺激，更主要的是其自身的行业特点所致。总结起来，笔者发现这些行业大都具有需求弹性大、供给弹性小、投资规模大、建设周期长、资本密集型等产业特点，而这些都是典型的周期性行业的特征。周期性行业是指经营状况与宏观经济周期的相关性很大的行业。一般认为，当宏观经济处于快速上行期的时候，行业随之迅速扩张，企业规模快速扩大，盈利能力很强；然而，当宏观经济不景气经济增速下滑时，也会造成这些行业需求不足，伴随着产能过剩、产品价格暴跌，其后果就是周期性行业利润的大幅下滑。

这些与宏观经济周期具有明显相关性的产业往往也是一些关系国家安全和国民经济命脉的重点行业。周期性行业中的大多数产业在我国资本市场中占据重要地位，以钢铁、有色、石油化工等为代表的制造业占沪深股市市值的近30%。因此，针对周期性行业的研究就显得非常重要。对周期性行业的研究，一方面，对于提升周期性行业中的企业的经营管理效率具有重大意义；另一方面，对周期性行业特点的把握也为投资者提供了必要的决策依据。

1.2 研究意义

从财务管理的角度来说，资产结构与资本结构的配置不仅会影响企业的经营活动，还会对经营业绩与股东回报之间的关系产生重要的传导效应，这就是所谓的杠杆效应。古希腊科学家阿基米德曾说过这样一句话："给我一个支点，我将撬动整个地球。"这种略显夸张的说法形象地表述了杠杆的巨大作用力。财务管理学将物理学中的杠杆原理移植到企业中去，就产生了经营杠杆、财务杠杆和综合杠杆三大杠杆。经营杠杆与财务杠杆分别反映了资产结构与资本结构对企业投资回报率的放大作用，综合杠杆是二者的综合作用。

经营杠杆和财务杠杆究竟具有怎样的影响呢？杠杆的这种放大作用对企业来说究竟是否有利呢？对这些问题的准确把握对于企业财务战略制定者来说至关重要。对杠杆运用得当，市场营销策略可能会起到事半功倍的效果；对杠杆运用不当，则很可能造成重大的财务损失。由于经营杠杆与财务杠杆程度越高，发挥的作用力越强，因此在这一问题上高杠杆的企业所面临的杠杆效应要更强烈和重要。周期性行业的杠杆作用之所以受到关注，不仅因为周期性行业在国民经济中所具有的重要地位，同时也因为周期性行业的高杠杆特征。

周期性行业的发展十分显著地受到宏观经济周期与行业周期的影响，因而经营上存在非常重大的不确定性和复杂性，导致行业发展起伏波动较大，经营业绩波动剧烈，并由此导致杠杆所产生的正面和负面效应都显得更为显著。因此，对于周期性行业的杠杆效应的研究离不开外部宏观经济环境。

尽管周期性行业在国民经济中占据重要经济地位，学术界与实务界对周期性行业也给予较高的关注，但关于周期性行业的特征与财务战略的实证研究少之又少。人们对于周期性行业的周期波动规律、高杠杆特征、盈利波动特征等现象的总结，一般来自理论推理与经验性判断。

为验证上述现象，本书试图以中国上市公司的数据来检验周期性行业的杠杆特征、盈利水平，以及杠杆对盈利性的影响。本书在对已有的研究成果加以总结和创新的基础上，将宏观经济周期、中观行业变量与企业微观层面相结合，系统考察宏观经济因素、行业特征因素及企业财务战略安排中杠杆程度对上市公司绩效的影响。

1.3 研究方法

本书采取了实证研究与案例研究相结合的方法，分析周期性行业企业的资产结构和资本结构所产生的杠杆效应。本书的实证研究部分包括了一个大框架下的三个子命题：经济周期、行业周期性对企业杠杆特征的影响；经济周期、行业周期性对企业盈利性的影响；周期性行业企业的杠杆特征对企业盈利性的影响。

对于第一个子命题——经济周期、行业周期性对企业杠杆特征的影响，首先，对大样本面板数据进行回归分析，分别检验了周期性行业在资产结构、资本结构，以及杠杆的波动性水平等方面与防御性行业之间存在的差异；其次，通过分组样本检验了不同的经济周期环境对杠杆的影响；最后，通过引入交乘项的方法验证了行业的周期性特征对于经济周期对杠杆的影响的强化作用。

对于第二个子命题——经济周期、行业周期性对企业盈利性的影响，首先，检验了周期性行业特征对于利润率波动性的影响；其次，采用分组样本回归的方法，分别对经济周期扩张期与紧缩期的观察值进行分组检验，从而考察在经济周期的不同时期企业盈利能力的差别，以及行业周期性对此所产生的影响。为了增强实证分析的可靠性，研究采取了三个不同的利润率指标分别作为被解释变量，以此作为实证研究的稳健性检验。

对于第三个子命题——周期性行业企业的杠杆特征对企业盈利性的影响，研究选择了一个具有典型周期性行业特征的行业（采矿业）为代表，同样利用面板数据检验了经营杠杆与财务杠杆在经济周期的不同时期对企业盈利能力所产生的影响。

本书采用了对个别企业进行案例分析的方法，以具有典型周期性行业特征的航运业的龙头企业"中国远洋"为例，在经济周期大幅震荡的背景下，在微观层面上通过更加细致地财务分析，来验证杠杆效应如何对周期性行业的企业产生影响。

1.4 研究路线与框架

本书的研究思路遵循提出问题、分析问题与解决问题的总体路线。首先，引言部分通过研究背景与研究意义引出了研究主题。其次，通过对相关理论与已有文献的疏理与回顾，评述了经济周期理论、生命周期理论、资本结构理论等相关理论对周期性行业的财务特征所涉及的相关阐述，并借鉴前人的研究成果对本研究所涉及的相关概念的界定与划分进行了明确。在分析问题部分，实证研究共分为三个主要组成部分：经济周期、行业周期性对企业杠杆特征的影响；经济周期、行业周期性对企业盈利性的影响；以及周期性行业企业的杠杆特征对企业盈利性的影响。最后，研究采取了案例分析作为对大样本的实证检验的补充，以代表性周期性行业的上市公司为研究对象，揭示了周期性行业企业的经营杠杆与财务杠杆在不同经济周期中对企业绩效所产生的双重作用。本书的研究框架见图1.1。

本书共分为8章。

第1章：引言。本章主要介绍本书的研究背景、研究意义、研究方法、研究路线与框架，以及主要创新点等内容。

第2章：理论基础与文献综述。本章对相关理论进行了疏理，重点介绍了经济周期理论，生命周期理论，资本结构相关理论（包括权衡理论、啄序理论、市场择时理论等），财务管理中经营杠杆与财务杠杆的定义和原理，并阐述了这些理论对本研究的指导意义。另外，本章对国内外的相关文献进行了回顾，分别从宏观、行业和企业层面的角度疏理了资产结构的影响因素、资本结构的影

第1章 引言

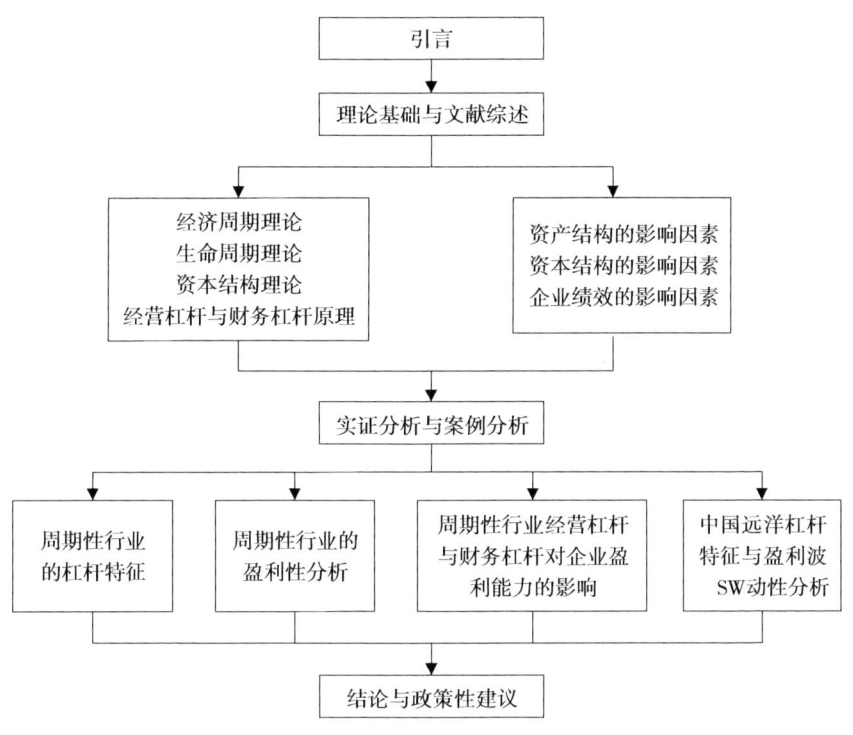

图 1.1 本书的研究框架

响因素、企业绩效的影响因素,并对相关研究成果进行评述,指出已有文献对本论题研究的相关点。

第 3 章:经济周期与周期性行业的界定。本章在参照前人研究成果的基础上,对相关概念进行了界定与描述,具体包括经济周期的概念与中国经济周期的划分、行业分类标准的介绍,以及本书所采用的标准、周期性行业的定义及本书对于行业周期性划分的认定。

第 4 章:周期性行业的杠杆特征。本章采用实证研究的方法检验了宏观经济因素、行业周期性特征对企业的经营杠杆与财务杠杆的影响，验证了周期性行业具有高经营杠杆与高财务杠杆的特征，并且其杠杆的波动程度也较防御性行业更为显著。这些检验从实证角度验证了周期性行业的特征与理论预期的吻合。

第 5 章：周期性行业的盈利性分析。本章从企业盈利波动性的角度来检验周期性行业的行业特征，不仅验证了周期性行业盈利波动性较强的特点，并且证明了这种波动性与经济周期之间存在着密切联系。

第 6 章：周期性行业经营杠杆与财务杠杆对企业盈利能力的影响。本章以采矿业为周期性行业的代表，通过对行业数据的分析，证明了周期性行业的经营杠杆与财务杠杆在经济周期的不同阶段对企业盈利能力具有双重影响。

第 7 章：中国远洋杠杆特征与盈利波动性分析。本章通过对航运业中的上市公司"中国远洋"的案例分析，从公司财务分析的角度来剖析经营杠杆与财务杠杆在不同情境下对企业盈利状况产生的影响。

第 8 章：结论与政策性建议。本章对于本论文的理论分析与实证分析加以总结，得出总括性的结论；并且根据实证研究结果提出相关政策建议，对企业实践管理提出理论指导意义。同时，本章也提出了本研究的不足和缺陷，并对今后的研究方向提出展望。

1.5　主要创新点

本书的主要贡献体现在以下三个方面：

一是，理论与实践应用的有机结合。笔者对于宏观经济变量、行业变量的度量是建立于理论指导的基础之上，反过来又通过实证分析得出的结论来解释不同的经济周期与行业周期中企业的财务决策行为,并以此为依据对西方理论在中国市场的实用性进行了检验。本书以中国上市公司的实际数据为研究样本,通过实证检验对资本结构理论及财务管理的杠杆理论在中国市场的适用性进行了验证,从而为西方理论在我国市场上的实用性提供了可靠的实证支持。

二是,本书采用大样本数据对周期性行业的杠杆特征与盈利性特征进行了实证检验,从而为周期性行业的传统经验性认识提供了必要的数据支持。

三是,本书在研究企业财务特征与财务后果的过程中,考虑了宏观经济因素的影响,将宏观、中观、微观层面的要素纳入同一框架中,从而建立了宏观经济、中观行业发展对微观企业经济后果传导的路径。宏观因素、行业因素在现实经济环境中对微观企业的财务结构与财务决策后果具有重大影响,然而这些外生机制往往容易被财务领域的研究者所忽视。因此,本书将宏观经济变量、行业变量与企业财务变量相结合的研究方法具有十分显著的现实意义与创新意义。

第 2 章　理论基础与文献综述

2.1　理论基础

2.1.1　经济周期理论

1. 经济周期的定义与类别

经济周期（Business Cycle）是指在经济发展过程中经济扩张和经济紧缩交替更迭、循环往复的过程，具体体现为 GDP、利率、失业率、通货膨胀率、固定资产投资等宏观经济指标的周期性波动。经济周期一般可以分为繁荣、衰退、萧条和复苏四个阶段，也有人将其简单划分为两个阶段，即扩张阶段和紧缩阶段，也称为上升期与下降期。扩张阶段由复苏和繁荣构成，而紧缩阶段则由衰退和萧条构成。

西方学者对于经济周期的研究已经历了一个多世纪。对于经济周期的划分标准，已有的研究依据不同变量的波动情况形成了几种不同的周期类型：较短的基钦周期，中周期朱格拉周期，较长的库兹涅茨周期和长波周期康德拉季耶夫周期。

美国经济学家约瑟夫·基钦（Kitchin）提出的基钦周期又称短波理论（Kitchin Cycles），是与商业库存变化有关的一种历时较短的经济周期，其持续期间为2~4年。经济学界将他提出的短周期称为基钦周期，一般认为这种周期主要同市场商品可供量和企业存货量的变化有关。影响短周期的主要因素是企业存货增减而引起的投资数量的变动，所以又称存货周期。

法国经济学家克里门特·朱格拉（Juglar）提出市场经济中存在一种9~10年的周期波动，这种中等长度的周期被称为朱格拉周期，也称为中周期。朱格拉认为周期波动是经济自动发生的现象，与人们的行为、储蓄习惯及他们对可利用的资本与信用的运用方式有直接联系。

美国经济学家库兹涅茨（Kuznets）通过对美国某些商品生产与价格变动长期趋势的研究发现，经济活动中存在一种比较长期的周期循环，提出了库兹涅茨周期。由于该周期与建筑业扩张、收缩的关系密切，所以西方经济学界也把库兹涅茨周期称为建筑周期。

俄国经济学家康德拉季耶夫（Codrulieff）认为资本主义经济中存在长达50~60年的周期，称为康德拉季耶夫周期，也称为长波周期。尽管长周期理论对于理解经济长期增长的基本背景具有重要的作用，但主流经济学很快就对其失去了兴趣。正如凯恩斯所说，"长期我们都将死去"。经济当事人和宏观政策当局一般来说更加关心与当下有关的短期发展。

奥地利经济学家约瑟夫·熊彼特（Schumpeter）对以上各种类型的周期进行了总结，提出了创新理论。他认为3个基钦周期构成一个朱格拉周期。3个朱格拉周期构成1个康德拉季耶夫周期。熊彼特主要利用短周期作为分析资本主义经济周期的方法，并提出以技术创新为基础研究经济周期的理论。

2. 经济周期产生的原因

对于经济周期的识别和分类仅仅是对于经济变动周期的初步认识，更为重要的是对于产生经济周期波动的原因的深刻认识和理解。关于经济发展周期的原因，学术界有很多不同的看法，可以归结为外生原因和内生原因两大主流思想。

外生原因观点认为，经济周期波动产生的主要原因是诸如自然灾害、社会环境、政治制度、技术创新等外在因素的冲击。如杰文斯（Jevons）的太阳黑子理论认为经济的周期性波动来自于太阳黑子的周期性变化。理由是太阳黑子的周期性变化会对气候变化造成影响，进而影响农业收成。熊彼特用创新理论来解释经济周期也是一种外生派观点。他指出，创新技术的出现会引起一波经济繁荣，当新技术逐渐被市场吸引，就失去了刺激经济的动力，经济步入萧条期，直至下一个技术创新的到来打破这种现状，才会出现新的繁荣。还有人提出政治性周期的概念。政治性周期理论认为导致经济周期波动的主要原因是政府为了解决通货膨胀和失业问题而循环产生的周期性的决策。总的来说，外生观点认为经济周期产生的原因是外在的，而不是来自市场体系内部的力量。

内生原因观点认为，经济周期的波动来自于自身的不足，如收入、成本和投资等来自经济体系内部的因素，代表性理论有纯货币理论、投资过度理论和消费不足理论。英国经济学家霍特里（Hawtrey）提出的纯货币理论认为，货币供应量和货币流通速度直接决定了名义国民收入的波动，经济周期的波动完全是由于银行体系信用扩张和信用紧缩的交替循环所造成的。投资过度理论把产生经济周期波动的原因归咎于投资过度，这一理论的代表人物是哈耶克。他认为，投资过多导致资本性产品生产速度过快，促使经济进入繁荣阶段。过度生产的结果就是生产结构失衡，继而带来产品过剩，经济转为萧条。消费不足理论认为消费品需求速度低于消费品生产速度导致了经济衰退；消费不足源于国民收入分配不公所造成的过度储蓄。但该理论只对经济周期的衰退期进行了解释，而没有阐明经济周期其他阶段所产生的原因。

一个企业的经营状况和可持续发展能力，除了受其内部各种条件的制约影响外，外部宏观的经济大背景和市场环境也具有关键性作用。对于外部环境，一个企业或许无力做什么，都可以根据外部环境的变化对内部条件进行调整、完善，可以充分利用外部环境，在小范围内增强企业内部活力，提升自身竞争力，在经济浪潮中更好地生存和发展。正因如此，在当前市场经济条件下，企业家们越来越关心经济大环境和市场形势，制定针对性的战略、政策，以适应周期性波动。

2.1.2 生命周期理论

1. 产品生命周期理论

美国经济学家雷蒙德·弗农（Raymond Vernon）1966年首次提出了产品生命周期（Product Life Cycle）理论。他认为，产品生命和人的生命一样，要经历一个从出生、成熟到衰老的过程。弗农把产品生命周期分为三个阶段：新产品创始阶段、产品成熟阶段和产品标准化阶段。在新产品创始阶段，新产品开发需要大量研发投入，产品尚未成型、技术尚未完善。由于替代品较少，缺乏市场竞争，因而产品拥有较高的附加值，拥有新技术的厂商能够获取高额利润。在产品成熟阶段，新技术的垄断地位被打破，产生替代品，竞争加剧，产品附加值不断降低。为应对与日俱增的市场竞争，厂商需要降低生产成本来提高其竞争优势。在产品标准化阶段，产品和技术均已达到标准化与规模化生产，厂商所拥有的技术垄断优势已完全消失，业内竞争主要体现为价格竞争。

在弗农的三阶段产品生命周期的基础上，近半个世纪以来，产品生命周期理论不断地得到了发展和丰富，形成了今天普遍接受的四阶段产品生命周期概念，即产品从初创到退出市场的整个生命过程，包括导入、成长、成熟和衰退四个阶段。四阶段产品生命周期理论认为，产品导入期是产品生命周期的开始，产品进入试制与试销阶段。此时，产品质量不稳定，市场处于开拓之中，销售增长缓慢且没有利润可言，而技术研发等方面却需要大量投入。此时，市场上几乎没有竞争者。到了产品成长期，销售迅速增长，生产规模增大，生产成本不断下降，因此利润也得到了显著提高。可观的利润会迅速吸引大批模仿者，市场竞争加剧。进入产品成熟期以后，市场容量趋于饱和，增长趋势减缓。产品竞争激烈，销量虽继续增加，但价格会不断走低，因而边际利润开始下降，利润总额在此期间将达到顶点。过了产品成熟期之后，利润总额就开始走下坡路，产品生命周期也进入了最后一个阶段——产品衰退期。此时，市场容量已达到饱和状态，即使降低价格也难以维持销售增长，利润大幅下滑，产品最终将退出市场，被新产品所代替。图2.1的产品生命周期曲线形象地描绘了产品生命周期所经历的四个阶段过程。

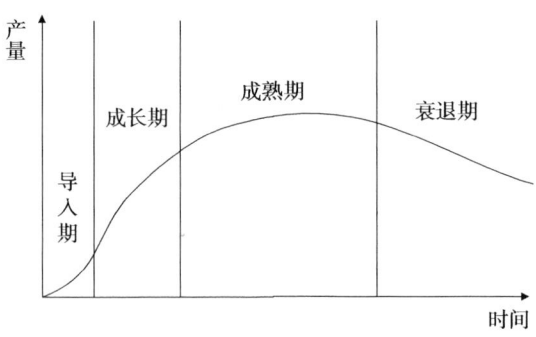

图 2.1　产品生命周期曲线图

需要说明的一点是,产品进入衰退期并不代表产品生命周期的完全结束。有些产品经过升级换代、推陈出新,完全可以再生出其改进产品的新一轮生命周期。因此,产品生命周期理论上是一个波浪式曲折反复的循环过程,而并非单一周期的封闭过程。

2. 行业生命周期理论

后来的学者在产品生命周期理论的基础上,又衍生出行业生命周期与企业生命周期等分支理论。Gort 和 Klepper 将研究重心转向生产厂商,并于 1982 年提出了 G-K 模型的产业生命周期理论。Klepper 和 Graddy(1990)、Agarwal 和 Gort(1996)又分别对 G-K 模型提出了进一步的改进。

行业生命周期是指一个行业从初创到退出市场的整个生命过程。这个过程一般会经历四个阶段,即导入阶段、成长阶段、成熟阶段和衰退阶段。任何一个行业在其生命周期发展的不同阶段,在各方面都会有不同的表现。行业生命周期与产品生命周期之间的联系非常紧密。任何一个行业的起源都来自一项新技术或新产品的应用,如 20 世纪 80 年代兴起的个人计算机、20 世纪 90 年代出现的生物技术。那时,新行业整体上成本居高不下,行业增长缓慢,毫无利润可言;到了成长期,市场已然接纳新产品,行业发展高速增长,带来巨大利润回报;对于成熟期的产品而言,大多数潜在购买者已转化为实际购买者,销售增长速度大幅放缓,竞争加剧,利润保持平稳或轻微下降;衰退期产品销售呈现大幅下滑,利润萎缩。行业生命周期的曲线图与产品生命周期曲线形状十分相似,如图 2.2 所示。

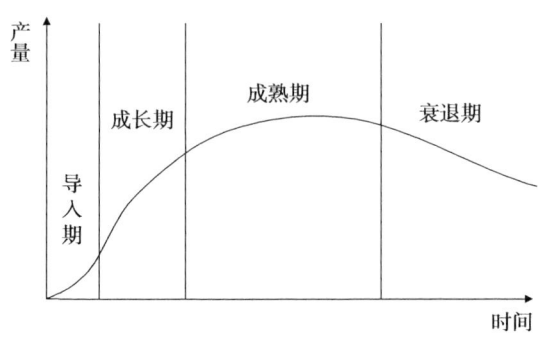

图 2.2　行业生命周期曲线图

行业生命周期的四阶段波动与宏观经济的周期波动趋势也十分相似,它们都呈现波浪式上升与下降的循环往复特点。然而,各个行业的波动与宏观经济的整体兴衰并非完全同步。有些行业会领先于总体经济复苏或衰退;而有些行业的变化则较整体经济更为迟钝。有些行业对于经济环境的变化特别敏感,其行业波动程度会远高于经济总体的波动程度;而有些行业在不同的经济周期并不会表现出剧烈的波动。一般来说,当经济开始复苏时,最先启动的是在社会经济生产活动中处于下游的汽车、房地产等行业,这些行业是最贴近终端消费者的。然后,复苏会传导到经济活动的中游,化纤、非金属矿制品、有色金属行业,最后是上游的石油化工、煤炭等行业。当经济衰退时,也是按照同样顺序进行的。因此,行业生命周期是形成周期性行业的重要理论基础。

2.1.3　资本结构相关理论

资本结构(Capital Structure)是指企业的所有资本来源中权益资本与债务

资本的比例（也称财务杠杆，Financial Leverage），以及在权益资本中各部分股本所占的比例、债务资本中各种类型债务所占的比例。Modigliani 和 Miller 于 1958 年提出的 MM 理论开创了资本结构理论的先河。MM 理论基于完美市场假说，提出了资本结构与企业价值无关的著名论断。然而，MM 理论所假定的无税收、无破产成本、无代理成本等完美市场条件并不符合真实的经济环境，因此后人对于资本结构理论的研究主要着重于不断放宽 MM 理论假定条件，即试图在更为贴近现实经济环境的基础上，对 MM 理论进行修正性研究与补充。在不断发展与完善的资本结构分支理论中，较为重要的有权衡理论、啄序理论和市场择时理论。

1. 权衡理论

Robichek 和 Myers 等人（1966）在 MM 理论的基础上引入了税收成本和破产成本的条件，提出了权衡理论（Trade-off Theory）的概念。权衡理论认为，由于负债具有抵扣所得税的作用，因此企业可以利用债务来增加企业价值。但是债务也会给企业带来一些成本与负担。其中最具威胁的一种情况就是，当企业没有能力及时偿还到期债务时，会陷入财务困境，甚至破产，这就是负债带来的财务困境成本。当企业面临破产威胁时，会出现很多情况，如债权人集中讨债，企业不得不以高利率借款以偿还到期债务；供应商对企业的偿债能力缺乏信心从而收紧信贷政策；管理者为解决燃眉之急，低价变卖企业有用资产等。这些短期行为都会降低企业的市场价值。而企业如果真的进入破产程序，那么随之而来的诉讼及其他处理破产案件的行政程序都会带来大量的费用，也就是破产的直接成本。企业在进行债务融资时必须提前考虑到财务困境或破产威胁的直接成本与间接成本，这是制约企业举债行为的一个重要因素。因此，企业在决定资本结构时，必须权衡负债所产生的避税的正面效应和破产的负面成本，这就是权衡理论的主要观点。权衡理论认为，企业存在一个最佳资本结构目标，要确定这个最佳资本结构，需要同时考虑负债所带来的"税盾"收益和伴随负债上升所产生的破产成本，在两者之间做出权衡。

在早期权衡理论的基础上，DeAngelo 和 Masulis（1980）、Jensen（1986）等人又发展出了后权衡理论。他们将负债的成本进一步扩展到了代理成本、财务困境成本和税收利益损失等方面；同时，又将税收利益从原来所讨论的负债收益引申到非负债税收收益方面。也就是说，它扩大了债务成本和利益所包括的内容，把企业融资看成是在税收收益和各类负债成本之间的权衡。

权衡理论从财务困境成本和现金流波动性的角度，能够解释不同行业间的企业杠杆水平的差异。权衡理论也有助于解释经济周期对于资本结构的影响。权衡理论认为，企业的最佳资本结构取决于对债务进行利弊权衡的结果。因此，在一定的投资机会下，企业的盈利能力越强，负债的利益就越大，企业就越有可能提高财务杠杆。根据这一结论不难得出以下推论：当宏观经济景气时，企业的盈利状况较好，经营风险较低，负债所带来的预期破产成本较小，因而企业会愿意提高财务杠杆，以撬动更高的股东收益率；而宏观经济下行时，由于盈利状况的不断恶化，财务杠杆将会给企业带来更大的财务风险，此时，企业不愿意背负很高的债务，以免陷入财务困境或破产境地。

2. 啄序理论

1984 年，Myers 和 Majluf 提出了啄序理论（Pecking Order Theory）。啄序理论在 MM 理论的基础上考虑了信息不对称与交易成本的存在，提出企业融资时会遵循一定的顺序，即内源融资、债务融资、权益融资这样的先后顺序。啄序融资假说并不认同权衡理论所提出的最佳资本结构假设。根据啄序理论，企业的财务杠杆只是过去筹资活动的结果。

啄序理论所提出的融资顺序基于如下考虑。由于现实经济中交易成本的存在，外部融资要多支付各种成本。而基于信息不对称和逆向选择行为，权益融资会传递企业经营的负面信息，导致股价被低估。相比于债务融资和权益融资这两种外部融资渠道而言，内源融资主要来源于企业内部自然形成的现金流。由于内源融资的产生既不需要与投资者签订契约，也无须支付各种费用，所受限制少，因而是首选的融资方式，其次是低风险债券，再次是高风险债券，最后的选择才是发行股票或引入权益融资。

根据啄序融资理论，当企业需要外部融资时，将首先采用成本最低的融资方式，也就是先债务融资、再股权融资。由此可以推断，当企业投资超过留存利润时，企业的负债会相应增加，反之则减少。如此一来，财务杠杆水平的高低在很大程度上受到企业投资机会的影响，并且在一定程度上可以看作是企业未来现金流和盈利能力的信号。当投资机会较多、未来盈利预期较好时，企业就会倾向于提高财务杠杆；而当经营风险较高、未来预期盈利水平较差时，企业就会倾向于较少使用债务，从而致使财务杠杆水平降低。

3. 市场择时理论

市场择时理论（Market Timing Hypothesis）也对静态最佳资本结构目标的存在提出了质疑。该理论认为资本结构目标是一个动态的、调整的过程。Stein（1989）最早提出股票发行的市场择时假说。该理论认为，公司股价被过分高估时，企业原有股东会趁机发行新股以吸引更多的投资者；当公司股价被过分低估时，企业原有股东则有可能回购股票。Baker 和 Wurgler（2002）更加深入地阐述了市场择时理论。他们发现,在市场价值较高时融资的企业会有较低的财务杠杆;而在市场价值较低时融资的企业会有较高的财务杠杆。企业资本结构的变化是管理者过去择时行为的累积结果。

企业择时行为所依据的条件既需要考虑自身条件,也需要结合外部环境因素。如公司股票价格较高时,股东会愿意引进权益资本;而当股价被低估时,权益融资就不再是优先的选择。宽松的货币政策会降低贷款成本,从而会提升企业债务融资的意愿。但如果企业预期宏观经济与行业发展不景气,致使企业销售萎缩,那么债务所带来的财务杠杆很可能会产生巨大的杀伤力。此时,管理者会对债务融资持谨慎态度。

4. 资本结构理论在中国市场上的实证检验

尽管来自国外的关于资本结构的理论研究已较为成熟,但这些模型主要是基于西方资本市场实践得出的结论。我国资本市场历史较短,宏观经济发展、金融环境、公司治理结构等与西方国家存在很大的差异,因此这些理论模型能否用来解释中国企业的资本结构和融资行为,是一个有待验证的命题。国内学者已开展了很多关于资本结构理论适用性的实证检验,其结果表明,企业的资本结构或融资行为受很多因素制约。西方理论对于我国资本市场与企业财务管理的适用性存在很大的争议。

吴联生和岳衡(2006)发现,上市公司的资本结构选择符合权衡理论;与之相反,朱德新和朱洪亮(2007)的研究并未发现中国企业存在一个明确的资本结构偏好。因此,权衡理论不能单独地解释中国企业资本结构的选择。黄少安和张岗(2001)的研究结果表明,相对于债务融资,我国上市公司更偏好于股权融资,这与啄序理论的内源融资、债务融资、权益融资的顺序并不一致。

在中国上市公司中流行的股票优于债券的融资顺序这一点上,陆正飞和叶康涛(2004)、朱德新和朱洪亮(2007)的研究也得出了同样结论,否认了啄序理论对于中国企业资本结构的有效性。才静涵和刘红忠(2006)的研究证明了我国上市公司的择时行为会对公司财务杠杆产生影响。他们的研究发现,资产市净率的变化与公司财务杠杆负相关,可以解释为财务杠杆较低的公司很可能是在股票价格较高时进行了权益融资。

综合以上资本结构理论的现实意义,以及对于这几个资本结构理论在中国市场上的实证检验,可以初步认为,在西方市场上得到验证的财务理论未必适合中国市场环境。关于中国企业资本结构的实证研究大多否认了中国企业存在静态的、单一的最佳资本结构目标。主要研究成果都表明,中国企业的资本结构目标存在动态调整的过程,或者说存在择时行为。企业在不同时期、不同经济环境和财务状况下,会采取有变化的融资选择。这也正是本书研究经济周期、周期性行业对于企业的经营杠杆,特别是财务杠杆所产生的影响的理论基础。

2.1.4 经营杠杆与财务杠杆原理

1. 经营杠杆的定义和原理

经营杠杆的原理建立于资产分类的基础上。企业的资产按照流动性可以划分为流动资产与固定资产。在使用经营杠杆作为企业财务分析与财务决策的依据时,需要假设几个有效前提:经营性固定成本与变动成本可截然分开;单位变动成本不变;固定成本不变。这些假设条件看上去并不完全符合现实中企业的实际运作情况,但在一定时期与范围内是可以实现的。比如,当一个企业的产量在一定范围内（一般是指现有产能）波动时，企业不需要增加或处置现有固定资产，那么就可以认为固定成本是近似不变的。

将企业的资产人为地划分为流动资产与固定资产，体现了不同类型资产运用方式和盈利功能上的差别。由于固定资产的功能主要是为了支持基于盈利目的的生产活动，因此较高的固定资产也意味着较强的产出能力，以及由此带来的较强的销售能力和盈利能力，是创造企业价值的主要动力。固定资产不足会带来生产能力不足，显然会阻碍企业的正常生产运营。但固定资产并不是越多越好，固定资产的过剩不仅会造成资源浪费，而且容易造成流动性紧张和较高的财务风险。

流动资产与固定资产的功能性划分不仅在利润贡献方面产生的效果不同，同时也影响现金流的回收。流动资产与固定资产的资本回收方式和回收速度有很大差异。固定资产的投入资本是在整个寿命期的各个期间逐期分次收回的，而固定资产的使用寿命与周转期一般相对较长，因此其回收现金流的速度较慢。一旦企业遭遇现金流短缺，企业账面的固定资产并不能在短期内快速变现为现金流以解决燃眉之急。而流动资产虽然在企业或项目的整个生命期内都被占用，但现金流的周转速度较快，变现能力较强。因此，企业持有较多的流动资产，就会具有较强的支付能力、偿还能力，就不容易陷入财务困境，财务风险相对较小。

资产结构中流动资产与固定资产的比例可以用经营杠杆来反映。经营杠杆是指由于企业的经营性成本和费用中包含了固定成本因素，从而使销售额的每一点变化，都将导致息税前利润（EBIT）出现更大幅度的波动。经营杠杆程度用经营杠杆系数（Degree of Operating Leverage，DOL）来衡量：

$$\text{DOL}(\text{at } x) = \frac{\frac{\Delta \text{EBIT}}{\text{EBIT}}}{\frac{\Delta \text{Sales}}{\text{Sales}}} = \frac{S-V}{\text{EBIT}} = 1 + \frac{F}{\text{EBIT}} = 1 + \frac{F}{S-V-F} \quad (2.1)$$

其中：

S——销售收入；

V——总的变动成本；

F——总的固定成本。

经营杠杆之所以被冠以"杠杆"这一称号，是借用了物理学的杠杆原理，也就是通过调整杠杆的支点距两端的距离，来改变杠杆作用力的大小。根据这一原理，经营杠杆可以表示为图 2.3 所示的物理图形。这里的杠杆支点是固定成本。固定成本的比重反映了企业产品销售额变动对息税前利润变动的影响，因此杠杆两端的作用力分别是销售额和息税前利润。只有当边际收益大于固定成本时，杠杆才会发挥作用，并且力臂相差越大，杠杆作用越明显。如果用经营杠杆系数来解释，就是当 DOL > 1 时，销售额每增加 1%，EBIT 就增加 x %。同理，销售额每降低 1%，EBIT 也会减少 x %。由此可以看出，经营杠杆对企业经营利润的影响是一把双刃剑。具有高杠杆的企业，当销售额小幅上涨时，经营利润就会大幅上升；而销售额略微下降时，经营利润也会大幅下跌。这就是资产结构中固定资产的杠杆效应。

图 2.3　经营杠杆物理原理示意图

由公式（2.1）及图2.3可以看出，企业的固定成本比例越高，经营杠杆就会越高。因此，在衡量企业的经营杠杆时，也可以采用固定资产占总资产比例来反映经营杠杆的程度。

2. 财务杠杆的定义和原理

企业的资本结构主要包括权益成本和债务成本两大部分。权益和债务有一个很大的区别：无论企业盈利情况如何，债务的利息和优先股股息都是固定不变的，并且债务利息可以作为财务费用在税前扣除，这就是税盾的节税作用。由于债务的存在使每股收益增长速度大于息税前利润增长速度，债务的这一作用被称为财务杠杆效应。

财务杠杆是指由于企业的资本结构中包含了固定成本的融资来源，从而使得息税前利润（EBIT）的每一点变化都将导致每股收益（EPS）出现更大幅度的波动。财务杠杆程度用财务杠杆系数（Degree of Financial Leverage，DFL）来反映：

$$\text{DFL}(at\ x) = \frac{\frac{\Delta \text{EPS}}{\text{EPS}}}{\frac{\Delta \text{EBIT}}{\text{EBIT}}} = \frac{\text{EBIT}}{\text{EBIT}-I-D_p/(1-T)} \quad (2.2)$$

其中：

EPS——每股收益；

I——利息；

Dp——优先股股息；

T——税率。

财务杠杆的物理原理示意图如图2.4所示，此处的支点是债务比率。同样，想要杠杆发挥作用,需要一定的前提,那就是总资产收益率大于债务利息率。此时,当息税前利润增大时,每一元利润所负担的固定财务费用就会相对减少,这能给普通股股东带来更多的每股盈余,杠杆发挥正面作用;反之,当息税前利润减少时,每一元盈余所负担的固定财务费用就会相对增加,这就会大幅度减少普通股的每股盈余,杠杆将产生杀伤力巨大的负面作用。

由公式(2.2)及图2.4可以看出,企业的债务比例越高,财务杠杆就会越高。因此在衡量企业的财务杠杆时,也可以采用负债与总资产比例来度量财务杠杆的程度。

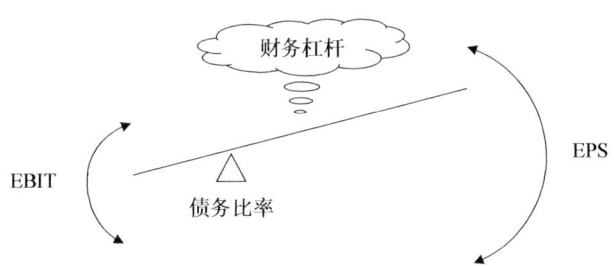

图 2.4 财务杠杆物理原理示意图

杠杆原理十分形象地解释了经营杠杆与财务杠杆是如何通过一定的资产与资本结构的配置来撬动杠杆后端的利润率指标的,同时也生动地诠释了杠杆的双刃剑效果。所谓杠杆的双刃剑效果,是指杠杆所发挥的作用方向与企业未来的盈利方向紧密相关。当未来具有正向盈利时,经营杠杆与财务杠杆就会发挥正向作用。此时,杠杆程度越高,就会为股东带来越多的收益。反之,当未来出现亏损时,经营杠杆与财务杠杆就会发挥负面效应。此时,杠杆程度越高,给股东带来的损失也被放大得越多。

2.2 文献回顾

2.2.1 资产结构的影响因素

1. 宏观经济的影响

经济学理论认为，经济增长的三大驱动因素为消费、投资和出口，因而不难理解固定资产投资总体上对于国民经济增长具有直接的推动作用。但是固定资产投资与经济总体增长之间的关系并不是单方面的影响作用，经济波动反过来也会对企业资产结构产生重要影响。一般认为，在经济萧条期，受市场需求不振的影响，企业的产量和销量下降，投资锐减；在经济繁荣期，市场需求旺盛，销售大幅上升，企业为应对扩张性生产需求会加大设备投资。

DeLong 和 Summers（1990）的研究发现，机器设备的投资与 GDP 增长率之间具有很强的相关性。刘金全和于惠春（2002）对我国固定资产投资与经济增长率关系的实证研究发现，二者之间的关系在经济发展的不同波段具有非对称性表现。在经济扩张阶段，固定资产投资对实际经济产出的影响是单方面的；而在经济收缩期，二者互为因果关系。王明虎等（2004）的研究发现，企业固定资产投资受经济周期波动影响，会随着经济扩张而扩张，随着经济紧缩而收缩。Qin 和 Song（2009）对中国的固定资产投资现状进行了研究，认为中国的固定资产投资受扩张性财政政策的影响较大。

2. 行业因素的影响

王明虎等（2004）的研究发现，固定资产投资水平存在行业间的差异。行业生命周期理论认为，对资产结构的调整应考虑在生命周期的不同阶段进行合理安排。尽管这方面的文献较少，但相关研究也说明了企业固定资产会受所在行业发展状况与景气程度的影响。

3. 企业层面因素的影响

张俊瑞等（2007）根据资产的变现性将资产结构划分为保守型、中庸型、扩张型三种类型，并提出企业的很多特征，包括管理水平、经营情况等，都会对资产结构配置产生影响。

2.2.2 资本结构的影响因素

1. 宏观经济的影响

Corcoran（1977）、DeAngelo 和 Masulis（1980）等从理论上提出通货膨胀降低了负债的真实成本，并因此导致对负债需求的增加。Fischer（1989）、Leland（1994）、Longstaff 和 Schwartz（1995）等人对此进行了补充，提出利息率和通货膨胀会对税收利益和破产成本产生影响，进而影响企业的资本结构目标。权衡理论和啄序融资理论也表明，公司的资本结构与宏观经济形势之间存在着密切联系。

Booth 等（2001）对来自 10 个发展中国家的企业的资本结构进行研究发现，很多宏观经济变量能够解释国家的总负债水平，一国股票市场越发达，债务融资需求越低；实际经济增长率正向影响财务杠杆水平，而通货膨胀率负向影响财务杠杆水平；税收优势会带来更多的负债。Nejadmalayeri（2001）的研究认为，通货膨胀与利率期限结构会影响公司的资本结构。Korajczyk 和 Levy（2003）从信用风险的角度考察了宏观经济因素与公司特征之间的关系。实证分析结果表明，宏观经济因素在很大程度上能够解释公司财务杠杆比率的变化。当宏观经济与股票市场表现强劲时，资金充裕的上市公司具有较低的负债率和较强的股权融资偏好，而资金紧缺的公司则具有较高的负债率和较强的债权融资偏好。Levya 和 Hennessyb（2007）的研究发现，宏观经济与资本结构之间的关系取决于公司的财务状况。当宏观经济上行时，如果公司的资金充足，其财务杠杆将下降；但如果公司的资金紧缺，那么其财务杠杆将上升。Bhamra 等（2010）发现，宏观经济因素的时变性会导致公司资本结构很强的路径依赖性，而且财务杠杆与宏观信用风险密切相关。Hackbarth 等（2008）在假设权衡理论成立且公司存在最优目标结构的基础上，发现公司资本结构的调整速度具有非对称性，当宏观经济上行时，资本结构的调整速度较快。Cook 和 Tang（2010）使用 GDP 增长率、期限利差和信贷利差衡量宏观经济状况，发现公司资本结构的调整速度符合 Hackbarth 等的理论。

2. 行业因素的影响

DeAngelo 和 Masulis（1980）提出，由于公司所面对的行业竞争结构、资产种类、消费者群体、原材料市场、劳动力市场和经营风险都会影响公司的现金流水平、债务成本，因而公司的最优资本结构可能随行业不同而有所不同。Myers（1984）提出，由于资产风险、资产类型及外部资金的需求随行业而变化，因而企业的资产负债比率水平也会受行业特征的影响。

关于资本结构的行业特征，国外已有很多学者对此进行了实证检验。Scott（1972）以 12 个非管制行业为研究对象，证明了在一个给定行业中的企业的资本结构确实以一种明确的方式聚集。Bowen 等（1982）、Bradley 等（1984）也证明了不同行业间企业的财务杠杆存在显著差异。Aggarwal（1990）以亚洲 12 个国家和地区的 940 家大公司为研究对象，发现日本、中国台湾地区等 7 个国家和地区中的资本结构具有显著的行业差异。

Harris 和 Raviv（1991）对美国企业的研究表明，医药、仪器、电子和食品等行业的财务杠杆比率较低，造纸、纺织品、钢铁、航空和水泥等行业的财务杠杆比率较高。虽然这里并未提及周期性行业的概念，但事实上这些高财务杠杆的行业都具有明显的周期性行业特征，而低杠杆行业与本书所界定的防御性行业十分接近，从而为周期性行业与防御性行业之间的财务杠杆差异提供了间接证明。

近年来，国内学者对中国各行业的资本结构也进行了一定的研究。陆正飞和辛宇（1998）对中国上市公司的研究发现，各行业间的资本结构存在着显著差异。郭鹏飞和孙培源（2003）以《上市公司行业分类指引》为行业分类依据，研究发现各行业门类间存在显著的资本结构差异，而同一行业门类中更为细分的行业大类不存在显著差异。Tian 等（2015）对中国制造业上市公司的经验研究发现，资本结构的调整速度在产业生命周期的不同阶段具有显著不同。与上述研究结论相反，洪锡熙和沈艺峰（2000）的研究发现企业资本结构不因行业因素的不同而呈现差异。

3. 企业层面因素的影响

Rajan 和 Zingales（1995）对来自西方的 7 个国家的数据研究表明，不同国家间的公司特征因素能够决定资本结构。Harris 和 Raviv（1991）指出，财务杠杆随着固定资产、非债务税盾、成长机会和公司规模的增加而增加；随着波动性、广告费用、研究开发费用、盈利性和产品独特性的增加而减少。Bevan 和 Danbolt（2001）通过对英国上市公司进行实证分析发现，成长机会、公司规模、盈利能力和资产的有形性构成了影响公司资本结构的主要变量。国内学者也识别了诸多对财务杠杆产生影响的公司特征，并提出公司规模、有形资产比率、成长机会和获利能力等因素对财务杠杆会产生主要影响（肖作平，2004）。

资产结构和资本结构之间也存在着一定的相关性。Stiglitz 和 Weiss（1981）等通过实证检验，得出了企业资产结构和资本结构正相关的结论。Michaelas 等（1999）研究表明，在一个企业的资产中，固定资产及存货的比例较高时，其短期债务和长期债务的比值也相对较大。吕长江和韩慧博（2001）对我国上市公司的研究发现，固定资产比率与资产负债率具有负相关关系。

2.2.3 企业绩效的影响因素

影响企业绩效的因素很多，既有来自外部的宏观经济因素、行业发展趋势等，也有来自内部的企业特征。在影响企业绩效的内部特征当中，其中很重要的两点是企业的资源运用状况和资本成本结构，即企业的资产结构和资本结构情况。本小节主要从宏观的经济周期、中观的行业特征及企业层面的经营杠杆和财务杠杆等几个方面对绩效影响因素的文献进行回顾与梳理。

1. 宏观经济与行业发展的影响

宏观经济整体是由许多个体经济组织的加总形成的。经济形势的好坏会在很大程度上影响消费能力与市场需求，因此宏观经济与企业效益之间具有十分密切的关系，经济周期对企业盈利性的影响是显而易见的。Brown 和 Ball（1967）使用 1947—1965 年的数据研究了公司盈利能力、行业利润率与宏观经济增长率之间的关系。研究发现，宏观经济与行业发展水平对个体企业的利润率都具有很强的解释能力。Klein 和 Marquardta（2001）的研究发现，企业的财务亏损与经济周期具有密切联系。Jin（2005）的研究发现，宏观经济对公司利润指标的影响具有非对称性，经济衰退期对公司利润的影响比经济繁荣期的影响更为强烈。

2. 资产结构对企业绩效的影响

国外对于经营杠杆或资产结构与企业绩效之间关系的研究相对较少。Czyzewski 和 Hicks（1992）的实证研究结果认为，收益率较高的企业通常流动资产占比较高；固定资产占比较低。Agiomirgianakis 等（2006）研究发现，固定资产的增加对公司收益率具有显著负相关影响。

近年来，国内学者对资产结构与企业绩效之间的关系也进行了一些研究。倪红霞和许拯声（2003）提出，如果固定资产比率过高，资产流动性过差，资产弹性小，转换现金困难，势必加大经营风险；反之，如果流动资产比率过大，虽经营风险极小，但盈利能力却过低。曲远洋和刘岩（2004）的研究表明，直接可以形成企业收益的资产在总资产中占的比例越大，企业的绩效就越好，企业价值就越大。因此，要想使企业价值达到最大，必须增加直接形成企业利润的资产。逯全玲（2004）的研究结果也表明，资产结构和资本结构对企业盈利能力都有一定程度的影响。袁放建等（2011）的研究结果显示，传统行业上市公司的流动资产率与企业价值正相关，货币资金越多，企业价值也就越高，其他流动资产与企业价值关系不显著。杨远霞和易冰娜（2012）对湖北省上市公司的资本结构、资产结构与企业盈利能力进行研究发现，固定资产比率与总资产利润率呈现微弱的正相关关系。张俊瑞等（2012）对资产结构与资产效率的研究发现，资产结构与资产效率之间存在倒 U 型关系，研究结论支持资产结构对生产效率和企业价值具有一定影响。

3. 资本结构对企业绩效的影响

关于资本结构如何影响企业的价值，Jensen 和 Meckling（1976）、Myers（1977）都对此做出了理论上的阐述。Jensen 和 Meckling（1976）从代理成本的角度出发，提出在负债的情况下，股东或与股东利益一致的经理人将更愿意从事高风险行为，更愿意投资一些成功概率不大、但回报丰厚的项目。因为一旦投资成功，股东和经理人将获得大部分收益；如果失败，则债权人承担主要损失。Myers（1977）认为，当经理与股东利益一致时，经理将拒绝那些能够增加企业市场价值、但预期的收益大部分属于债权人的投资。也就是说，负债削弱了企业对好项目进行投资的积极性，减少了企业现行市场价值。Parrino 和 Weisbach（1999）运用模拟方法验证了股东—债权人冲突引起的投资歪曲行为。他们发现，股东—债权人利益冲突确实存在，而且这种冲突随企业负债水平的上升而加剧。

国外一些学者对资本结构与企业价值或绩效之间的关系进行了一些开创性的实证分析，其结果主要分为正向、负向两种截然不同的结论。Kester（1986）、Titman 和 Wessels（1988）、Rajan 和 Zingales（1995）、Nikolaos（2002）等人均采用大样本数据对发达国家的资本结构和企业价值或绩效进行检验，得出了资本结构与企业价值或绩效负相关的关系。Bhandari（1988）的研究显示，股票收益与负债比率正相关。Masulis（1983）、Simerly 和 Li（2000）等人的研究发现，资本结构与企业价值同向变化。Berger 和 Udell（2002）的实证结果表明，负债有效地提高了企业的绩效。

国内也有很多文献研究资本结构对企业价值及其他衡量经营成果的财务指标的影响关系，得出资本结构对企业价值或绩效具有负向影响的有陈小悦和李晨（1995）、陆正飞和辛宇（1998）、黄宪（2009）等；认为资本结构对企业绩效具有正相关关系的代表性学者有洪锡熙和沈艺峰（2000）、王娟和杨风林（2002）、肖作平（2004）、李庚寅和阳玲（2010）、李传宪和朱渝（2011）。

从以上关于资产结构、资本结构与企业绩效关系的文献综述不难看出，以往的研究对于资产结构或资本结构与绩效之间的关系并未得出一致结论。有人得出正向相关关系的结论，有人得出负向相关关系的结论。这也许是由于衡量标准不同、样本不同所造成的结论差异。但这是否也说明存在一种可能，即资产结构或资本结构与企业绩效之间的关系并非是一种线性的、一成不变的单一方向影响呢？笔者认为，杠杆的作用是双向的，固定资产作为企业的经营杠杆与资产负债率作为企业的财务杠杆发挥积极作用还是负面作用取决于原始力量的方向。吕长江等（2006）提出了财务杠杆对公司成长性的影响并不是固定不变的，而是具有双重影响。对于盈利的公司，财务杠杆能够促进公司的成长；而对于经营业绩差的公司，财务杠杆对成长性具有抑制作用。这与我们的理论推理不谋而合。

纵观以往研究成果，笔者发现很少有研究考虑到经营杠杆或财务杠杆在经济周期或行业周期的不同阶段所产生的不同效果。本书的实证研究部分将重点考察在经济周期的不同阶段，以及对于不同的行业类型，企业的经营杠杆和财务杠杆对绩效会产生怎样的影响。

第 3 章　经济周期与周期性行业的界定

3.1　经济周期的概念

3.1.1　关于中国经济周期的研究

基于经济周期的理论基础，我国学者对于中华人民共和国成立以来，特别是改革开放经济进入快速发展期以来的经济发展趋势进行了深入的剖析与研究，形成了对我国经济周期的认识与划分。判断经济周期最主要的经济指标是国民生产总值增长率等能够反映整体宏观经济变动的经济总量指标，如苏冬蔚和曾海舰（2009）以实际 GDP 的自然对数和实际公司所得税的自然对数两个指标衡量宏观经济周期的波动。

邹东涛和欧阳日辉（2008）结合宏观调整步伐对改革开放以来的经济波动周期进行了如下划分：第一个周期 1978—1983 年；第二个周期 1984—1986 年；第三个周期 1987—1991 年；第四个周期 1992—1997 年；第五个周期 1998—2003 年；第六个周期 2004—2008 年。笔者认为，1998—2003 年中国经济增长缓慢，通货紧缩不断加剧。在积极的财政政策和稳健的货币政策的干预下，直到2002—2003年，经济减速和物价负增长的局面才得到缓解。2003年以来，消费者价格指数不断走高，宏观经济运行摆脱了需求不足的困扰，中国经济步入了快速发展阶段。刘树成（2009）对中华人民共和国成立后进入工业化历程以来的60年间经济增长率波动曲线进行分析，按照"谷—谷"划分法，将1953—2009年划分为10个完整的经济周期。其中，2000—2009年被划分为第10个周期。对于这轮经济周期的特点，刘树成将其总结为"缓起急落型"。在上升期中，经济持续稳定增长，但在2008年经济危机的冲击下，经济增长率急速下滑，形成上升阶段为8年（2000—2007年）、下降阶段为2年（2008—2009年）的波动周期。张连城（2009）认为，我国经济从1978—2007年的29年间共形成了3个经济周期，经济增长率最高的波峰年分别是1978年、1984年、1992年和2007年；经济增长率最低的波谷年分别是1981年、1990年、1999年和2009年。

由以上综述可知，刘树成（2009）、张连城（2009）等人将2000—2007年划分为经济持续上升的阶段。但对此持不同意见的也不乏其人，其中一种较为集中的意见是，2003年出现了一次波谷转折点，2003年之前为一个短暂的下滑期，2003年之后经济开始持续上升，直至2007年。持有这种观点的研究者包括董进（2006），邹东涛和欧阳日辉（2008），石晓军等（2010），江龙和刘笑松（2011），张荣武（2013）等。

江龙和刘笑松（2011）以GDP增长率的五分位法来判断宏观经济环境的好坏，将第10轮经济周期（2000—2009年）年划分为较差组（2000年、2001年、2002年、2008年、2009年）和较好组（2006年、2007年），其余年划分为一般组。张荣武等（2013）在研究股市周期和经济周期之间的关系时，采用波峰—波谷两阶段划分法，将2003—2011年划分为经济扩张阶段和紧缩阶段。他们认为，2003—2007年为经济周期的扩张阶段，2008—2011年为经济周期的紧缩阶段。

由于早期的经典文献一般未涉及最近几年的经济周期研究，所以对于最近几年的中国经济发展新趋势的判断需要在最新发表的研究成果或召开的经济论坛与会议中寻求佐证。在2015年的"中国经济增长与周期国际高峰论坛"会议上，与会专家认为，近年来中国经济除了2010年略有反弹之外，从2007年以前的两位数增速一路下滑至7%左右的增长速度，并且经济仍处于下行调整阶段（徐雪和赵阳，2015；周明生和郎丽华，2015）。中国人民大学宏观经济分析与预测课题组在《中国宏观经济分析与预测（2015年中期）报告》中也指出，当前中国经济的新常态表现为GDP增长速度大幅放缓、经济局部区域塌陷、持续的工业萧条和过高的企业高债务导致很多企业利润空间快速收缩，2015年中国经济仍处于加速探底的阶段。

3.1.2　本书对中国经济周期的划分标准

通过对上述关于中国经济周期研究的文献成果加以总结可以看出，经济领域的专家、学者们对2000年之后的中国年度经济发展形势的判断，有些年份是完全一致的，有些年份是存在分歧的。例如，2003—2007年的高速增长期、2011年之后的经济低迷期，是大家一致认可的、没有争议的。但对于2000—2002年，有人将其并入2000—2007年经济上升的大周期内，也有人将其单独列为较差的年份。2010—2011年，有人认为属于2007年之后下滑的大周期，也有人认为这个阶段出现了短暂的经济回升，应当列为一个上升周期。

第3章 经济周期与周期性行业的界定

为研究之便,笔者参考诸多文献的做法,将经济周期的四个阶段简单地归总为扩张和紧缩两个阶段,即扩张阶段由繁荣期和复苏期构成,而紧缩阶段则包括衰退期和萧条期。综合上述文献的主要观点,考虑到本书进行实证分析的时间范围较短(2000—2014年),笔者倾向于采用短周期划分方法。本书对于中国经济周期的划分标准如下:

扩张阶段:2003—2007年、2010—2011年;

紧缩阶段:2000—2002年、2008—2009年、2012—2014年。

为了更清楚地描述本书所界定的经济周期,笔者将各经济周期阶段及拐点在表3.1中列明。

表3.1 中国经济周期的划分阶段与拐点(2000—2014年)

波序	波段	经济周期阶段	持续时间(年)	波峰拐点年	波谷拐点年	平均GDP增长率(%)
1	2000—2002年	下降期	3	—	2002	10.3
2	2003—2007年	上升期	5	2007	—	17.3
3	2008—2009年	下降期	2	—	2009	13.6
4	2010—2011年	上升期	2	2011	—	18.4
5	2012—2014年	下降期	3			9.6

我国自改革开放开始启动大规模工业建设发展以来,固定资产投资规模增长与国民经济增长之间表现出亦步亦趋的高度相关性,因而固定资产投资增长率能够较为有效地体现投资拉动的经济增长模式。图3.1中绘制了2000年以来我国GDP增长率与固定资产投资增长率的变化趋势。从这幅图上可以看出,本书所选的经济周期阶段与中国GDP增长率和固定资产增长率的周期波动趋势较为吻合。笔者将紧缩年份转至扩张年份的转折点标为波谷,将扩张年份转至紧

缩年份的转折点标为波峰。波谷年份为 2002 年、2009 年；波峰年份为 2007 年、2011 年。由图 3.1 可以看出，波谷与波峰的确能反映出这一段时期经济发展增速的谷底和峰值。

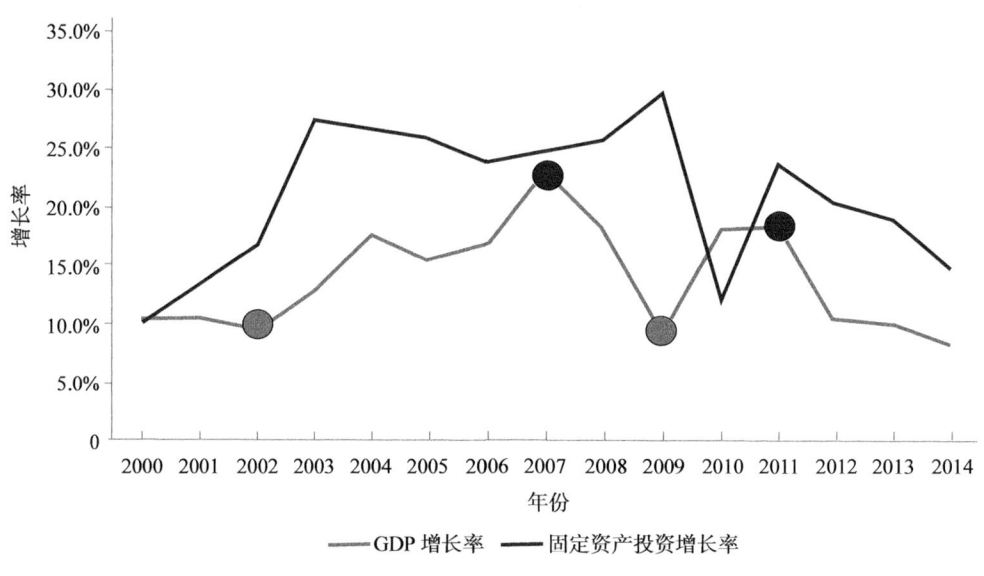

图 3.1　GDP 增长率与固定资产投资增长率

数据来源：国家统计局

3.2　行业分类标准

划分行业类别的标准和方法有多种，如纽约证券股票交易所的道琼斯分类法将股票分为工业、运输业和公用事业三大类，并选取了几十家股票来分别代表每一大类，通过这些代表性股票来反映大类或行业的情况。而我国证券市场

第3章 经济周期与周期性行业的界定

也有自己的划分方法。上海证券市场将全部上市公司分为五类,即工业、商业、地产业、公用事业和综合类。深圳证券市场将在深市上市的全部公司分成六类,即工业、商业、金融业、地产业、公用事业和综合类。

联合国颁布的标准产业分类法(Standard Industrial Classification, SIC)是指为了统一各国国民经济统计口径而由权威部门制定和颁布的产业分类方法。精确而全面的产业分类对政府制定经济政策和国民经济管理都是十分必要的。我国目前颁布并使用的行业分类标准也有好几种,较为常用的有国家统计局发布的《国民经济行业分类与代码》(国家标准GB/T4754—2011)和中国证监会发布的《上市公司行业分类指引》。

国家统计数据中所涉及的行业分类标准一般以《国民经济行业分类与代码》为依据。该标准是在参照SIC的基础上,基于我国国情特点编制的。该标准由国家统计局起草,经国家质量监督检验检疫总局、国家标准化管理委员会批准发布,自1984年首次发布以来,成为我国各领域对行业进行分类的重要参照标准。其后分别于1994年、2002年和2011年进行了三次修订。最后一次修订的新国家标准从2012年开始实施。新标准根据社会经济活动的特点,将社会所有行业划分为门类、大类、中类和小类四个级别,最高级别的20个门类如下:A.农、林、牧、渔业;B.采矿业;C.制造业;D.电力、热力、燃气及水生产和供应业;E.建筑业;F.批发和零售业;G.交通运输、仓储和邮政业;H.住宿和餐饮业;I.信息传输、软件和信息技术服务业;J.金融业;K.房地产业;L.租赁和商务服务业;M.科学研究和技术服务业;N.水利、环境和公共设施管理业;O.居民服务、修理和其他服务业;P.教育;Q.卫生和社会工作;R.文化、体育和娱乐业;S.公共管理、社会保障和社会组织;T.国际组织。A—T 20个门类又分为96个大类。

中国证监会针对上市公司的行业分类管理工作,编制了《上市公司行业分类指引》,目前实施的是 2012 年的修订版。与国家统计局制定的详细分类标准不同,证监会的《上市公司行业分类指引》只包含门类和大类两个级别,该标准将上市公司的经济活动分为 A—S 共 19 个门类以及其下的 90 个大类。由于该标准是面向上市公司的行业分类标准,因此许多有关证券市场的行业分析是以证监会的《上市公司行业分类指引》为基础的。例如,沪深 300 周期行业指数便是以证监会制定的标准来作为行业划分的依据。

实际上,由于证监会在制定《上市公司行业分类指引》时以《国民经济行业分类与代码》为参考依据,因此两者之间在行业门类和行业大类上的分类在本质上十分相近。对于行业门类的划分,《国民经济行业分类与代码》比《上市公司行业分类指引》多出一个行业分类,即公共管理、社会保障和社会组织。此外,两者最后一个门类的名称不同:前者为国际组织,而后者为综合。出于研究上市公司样本的方便,本书采用中国证监会颁布的《上市公司行业分类指引(2012 年修订)》作为行业分类标准。

3.3　周期性行业的界定与描述

3.3.1　周期性行业的定义

本书第 2 章已介绍过,经济周期表现为复苏、繁荣、衰退和萧条四个阶段,宏观经济的大环境自然也会影响国民经济的各个领域。随着经济周期上升、下降的步伐,很多行业也随之表现出相似的波动趋势。但并非所有的行业都会与宏观经济周期同步变化,也并非所有的行业都具有同等强度的波动程度。比如,有些基本消费品，无论经济景气如何，人们为了生存都必须购买和使用，这样的商品就几乎不受经济形势的影响，因而其需求与价格相对稳定。有些商品甚至会与经济形势逆向而动，当经济衰退来临时反而市场有所增长。比如，经济学中所定义的低档品就是经济越萧条需求越旺盛的典型代表。这是因为当人们的收入变少时，不再能够支付得起高档消费品时，就会转而消费低档替代品。那么，什么样的行业会像经济周期那样形成一个较为明显的周期性波动呢？这就涉及周期性行业与防御性行业的概念。

关于何为周期性行业，Boudoukh 等（1994）给出了这样的定义：周期性行业是指受经济周期不同阶段波动影响较大的行业，非周期性行业是指受经济周期影响较小的行业。一般认为，周期性行业其产品的价格、需求及产能都会随着经济周期的走势呈现出更为强烈的周期性波动；而非周期性行业则无论经济走势如何，这些行业产品的需求和价格都不会表现出十分强烈的变动。需要强调的一点是，非周期性行业并不是完全不受经济周期的影响，而是其波动幅度相对于周期性行业表现得更弱。因此，也有人将非周期性行业称为弱周期性行业或防御性行业。

为什么有些行业受经济周期的影响较为强烈，或者说这些行业相对于其他行业具有更强的周期性呢？一般来说，周期性行业的产品需求弹性较大，而供给弹性较小。这会导致什么情形呢？

一方面，需求弹性较大导致消费者的购买行为在较大程度上受到个人支付能力的影响。当经济处于繁荣期，人们收入水平较高时，就会大幅增加对这些商品的需求和购买。而当经济衰退来临，人们面临收入变少或预期将要变少时，就会优先放弃对这些非必需品的当前消费。

另一方面，供给弹性较小会导致生产能力无法随市场需求的变化而迅速调整。因此，当市场形势好转时，周期性行业的企业虽面临需求上涨、订单激增的大好市场局面，却不能立即实现对下游需求的充分供应。这样一来，就会导致商品价格的上涨。供不应求、利润可观，都是吸引行业内企业扩张或行业外企业进军的重要刺激因素。因此，当宏观经济处于快速上行期的时候，处于周期性行业的企业盈利能力很强，规模快速扩大，产能也随之提高。行业外有实力的企业受到诱惑则会蜂拥而至，热衷于对该行业的投资。其结果是整个行业的产能不断提高，市场需求的缺口不断减少，直至供求平衡，甚至供过于求。

　　这个时刻正是一个行业周期循环的景气波峰。我们知道，某种商品的价格短期内取决于当前供给与需求的平衡关系，需求波动导致价格震荡。供不应求，价格上涨；供需平衡，价格稳定；供大于求，价格下跌。当供需基本上实现了平衡之后，供给方已不再占有卖方市场优势，市场的饱和会促使供应商之间展开价格竞争。因此，当市场供求关系自发调整到平衡状态，也就意味着行业利润水平持续增长的现象将难以为继。此时，如果不控制产量的持续上升，就会出现供过于求的局面：需求下滑、产品积压、价格下跌、利润下降。当出现这些财务状况时，行业内的厂商应当早已意识到行业拐点的来临。对于业外的投资者来说，该行业也已不再是炙手可热的投资对象。然而，对于缺乏供给弹性的周期性行业来说，此时想调整产量、控制产品供给已经为时过晚。企业为了扩大产能所投入的厂房、专用生产设备等固定资产投资很难变现或转做其他用途，只有通过销售利润的补偿来摊销固定成本。有些固定资产投资需要一定的周期才能达产，有时甚至新增的固定资产投资还未投入使用，行业拐点已悄然来临。这些都将导致供应量在一段时间内有增无减，直到激烈的竞争迫使一部分企业或自动退出行业，或被迫破产倒闭，整个行业的供应才会因此缩减。

3.3.2 周期性行业的特点

1. 产品需求弹性较大

从产品需求来看,周期性行业的产品一般表现为弹性需求,而防御性行业则表现为不变需求或黏性需求。原因是只有弹性需求的产品才会在较大程度上受到经济周期与收入变动的影响。在经济衰退期,人们收入减少,对未来的预期收入也变得较为悲观。这时,人们优先放弃的就是需求弹性大的商品,因为这些商品并不是人们生活所必需的。理性的消费者在收入状况较差时会将这些行业相关产品的购买延迟到经济改善之后,于是这些行业的整体利润就会显著下降。当经济形势好转、人们收入水平得以改善时,就会转而消费更多的非必需品或者奢侈品——也就是需求弹性较大的商品,需求的上升将带来行业整体利润的增加。

2. 固定资产投资规模大、生产周期长

周期性行业之所以受到经济周期影响表现出强烈的周期性波动,一个重要原因是这些行业短期内很难快速调整生产结构。可以说,这些行业供给弹性较差,或者说具有供给刚性。哪些因素影响企业生产结构的调整呢?最主要的就是经营杠杆与生产周期。固定成本由于在一定时期和一定业务量范围内不受业务量增减变动的影响,因此无论是否产生销售额,相关的费用与成本都已产生。固定成本所对应的一般是厂房、设备等使用期限较长、占用资金较多的固定资产,并且短期内很难转化为其他的用途或变现。此外,如果一个行业的投资周期较长或达产周期难以确定,就会加剧产能调整的时滞性效果。

当一个行业表现出固定资产投资规模大、生产周期长的生产特点，这个行业就很可能成为周期性行业。事实上，大多数周期性行业都是与固定资产投资高度相关的行业。此外，在这些行业中，大中型国有企业、寡头垄断企业十分常见。本书第4章的实证分析也将证明我们所划分的周期性行业相对于防御性行业总体而言具有更大的总资产规模、更高的固定资产比重。

3. 行业利润呈现反复的涨跌

由于周期性行业的运动形态和经济总体趋势关系密切，所以当经济处于扩张阶段时，这些行业也跟着扩张；当经济处于紧缩阶段时，这些行业也跟着萧条。因此，周期性行业的景气程度与宏观经济指标（如GDP、利率、失业率、通货膨胀率、固定资产投资等）具有高度的相关性。当经济下行时，政府财政支出降低、个人收入与消费减少。由于这些行业产品的需求弹性较高，导致市场对其产品的需求迅速减弱，这些行业就会面临产能过剩、产品积压的经营困境。经济在短期内波动主要受需求影响，需求减少导致价格下跌。在经济紧缩期，行业产品销量与价格双降的叠加作用的结果就是行业利润表现出更剧烈的下滑。当经济增长时，市场对这些行业的产品需求回升，价格也高涨，因而行业利润的上涨与业绩改善会非常明显。因此，伴随着经济周期复苏、繁荣、衰退和萧条的往复循环，周期性行业的利润也会出现反复的涨跌。

4. 经营业绩具有剧烈的波动性

当划分出一个经济周期循环时，在这个周期内，经济发展一定具有阶段性的顶峰（波峰）和低谷（波谷），并且经济总体运行会在波峰与波谷之间的范围内震荡。周期性行业的一个循环阶段也是如此。在一个波动周期内有相对的最高峰和最低谷,但周期性企业经营业绩的波动范围与变化程度往往远大于宏观经济周期的波动范围。其主要原因是周期性行业具有较高的经营杠杆、较长的投资周期,很难迅速调整企业的规模以应对外部需求变动,因此其供需关系和产品价格都会表现出更为剧烈的上涨和下跌,从而带来利润的大幅波动。更具体地讲,当行业开始复苏时,产品需求火爆,价格上涨,业内外人士都意识到了行业的潜在上升空间。这个时候人人都想扩大生产,然而由于投资规模巨大、达产周期漫长,增长产能的投资计划很难一蹴而就。也就是说,周期性行业的投资与效益之间具有较长的时滞性。很多企业只看到蓬勃增长的市场总量,却忽略了同行及潜在竞争对手的扩张行动。当业内众多企业同时上马了新的产能扩张项目,其结果就是行业投资规模急剧膨胀,产能扩张集中爆发。当市场需求转为衰减时,这部分扩张的产能又无法找到转移的出口,进而为经济衰退期行业的剧烈下滑埋下了伏笔。

相反,由于防御性行业的产品,如食品、医疗等行业,受宏观经济环境变化对需求产生的影响十分微弱,因而其行业利润的波动程度也较小。周期性行业与防御性行业的这种差异具体表现为周期性行业在经济周期不同阶段的利润波动通常大于防御性行业,本书第5章的实证检验也验证了这种差异的存在。

3.3.3 周期性行业与防御性行业的划分

什么样的行业难以在短期内调整产能从而具有较小的供给弹性呢?从前面的分析中可以看到,投资规模越大,固定资产比率越高,生产周期越长,这样的企业就越难以迅速调整方向。因此,周期性行业一般是资本密集型行业,具有投资规模巨大、固定资产比重较高、生产周期较长等特点。

需求的高弹性与供给的低弹性相结合，就催生了周期性行业盈利状况剧烈波动的情况。由于需求弹性大，而供给弹性小，当宏观经济下滑时，产品需求减弱而供给保持不变，价格会大幅下跌导致利润下滑；当宏观经济高速增长时，产品需求上升而供给不变，价格上涨将会给业内企业带来利润的巨额增长。因此，当经济繁荣时，周期性行业相对于防御性行业会具有更高的收益。但是，当经济不景气时，这些行业也具有更高的风险，破产、倒闭的可能性也更大。

举例来说，钢铁行业就属于兼具高需求弹性与低供给弹性的行业。钢铁行业的下游主要是机械类生产设备等产业，其需求受宏观经济周期与固定资产投资周期的影响，具有较为强烈的波动性。当市场对钢铁的需求下降，钢材价格也随之不断下跌，最后可能钢铁厂商已无利可图。然而，由于前期固定资产投资规模巨大，无法合理调整产能或转型从事其他生产，导致钢铁企业亏损生产。但当经济繁荣期来临，市场需求复苏，产品价格会迅速上涨，企业将获利丰厚。

防御性行业则与周期性行业反其道而行之。这类行业一般是劳动或服务集约型产业，不需要很大规模的固定资产投资，其所生产的产品主要是需求弹性较小的生活必需品，因而即使经济不景气也能维持较为稳定的销售收入和营业利润。例如，食品、医药和日用消费品等居民生活所必需的商品和服务。

在一国经济中，哪些行业属于周期性行业，哪些属于防御性行业，学术界与实务界并没有形成一个完全统一的认识。Boudoukh 等（1994）研究发现，食品、饮料、烟草和公用事业等提供生活必需品的行业抵御经济衰退的能力较强；而涉及耐用品制造业的非电子设备、电子设备、交通设备等行业在经济衰退的冲击下会受到强烈影响。Jin（2005）基于 Datastream/FTSE 的行业分类标准和 Fama-French 的 12 个行业定义，将非耐用消费品、公用事业类、医疗卫生、金融、保险行业归为非周期性行业，而把除此以外的其他行业归为周期性行业。孙晓涛（2012）采用计量经济学的方法，对中国工业行业的波动特征进行检验，得出这样的结论：石化、钢铁、煤炭、装备制造业、汽车工业和珠宝业等都有很强的周期性；而水的供应业、地热资源开采业的周期性很弱。我国上海证券交易所和中证指数有限公司发布的上证周期行业50指数和非周期行业100指数、沪深300周期行业指数和非周期行业指数，将金融保险、采掘业、交通运输仓储业、金属非金属、房地产等行业归为周期性行业，将其余行业归为非周期性行业。陈武朝（2013）对于周期性行业盈余管理的研究也参照了这一标准来界定周期性行业。

在参考前人研究成果的基础上，本书对于周期性行业的界定标准重点借鉴上海证券交易所和中证指数有限公司发布的上证周期行业50指数和非周期行业100指数、沪深300周期行业指数和非周期行业指数对周期性和非周期性行业的分类方法。由于本书的样本数据来自中国A股上市公司，因此笔者采用中国证监会颁布的《上市公司行业分类指引（2012年修订）》作为行业分类标准。在本书的实证研究中，笔者将B.采矿业；G.交通运输、仓储和邮政业；K.房地产业这三个行业门类，以及制造业门类下与采矿业相关的金属非金属等行业大类界定为周期性行业。制造业中被划分为周期性行业的行业类别具体包括C25.石油加工、炼焦和核燃料加工业；C30.非金属矿物制品业；C31.黑色金属冶炼和压延加工业；C32.有色金属冶炼和压延加工业。其余行业门类及制造业下属的其他行业大类均归为非周期性行业或称防御性行业。由于本书的研究样本将金融行业排除在外，因此不需要对金融行业的周期性做出界定。

3.3.4 关于我国周期性行业的描述性统计

下面以交通运输、仓储和邮政业及房地产业两个行业为周期性行业的代表，分别描绘了行业增加值增长率与GDP增长率的折线图，见图3.2。图3.2反映了交通运输、仓储和邮政业增加值增长率与GDP增长率的对比；图3.3反映了房地产业增加值增长率与GDP增长率的对比。这两张图选取的时间范围为2000—2014年，数据来源于国家统计局。

由两张图中可以看出，每一个周期性行业的行业增加值增长率与GDP增长率相比基本上呈现出更强的波动性，表现为行业增加值增长率具有更大的波动范围。在GDP增长率较高时，行业增加值往往会增长得更快；在GDP增长率较低时，行业增加值下行的幅度也更大。由此可见，周期性行业的景气度、利润等变化与宏观经济指标高度正相关。

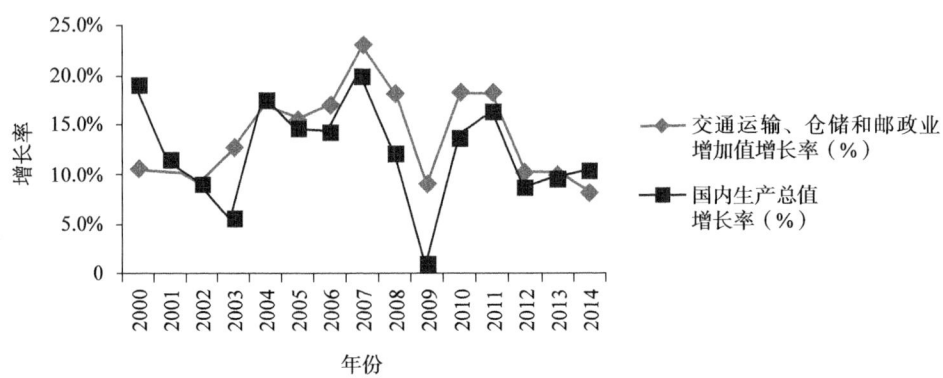

图 3.2　交通运输、仓储和邮政业增加值增长率与GDP增长率

数据来源：国家统计局

第3章 经济周期与周期性行业的界定

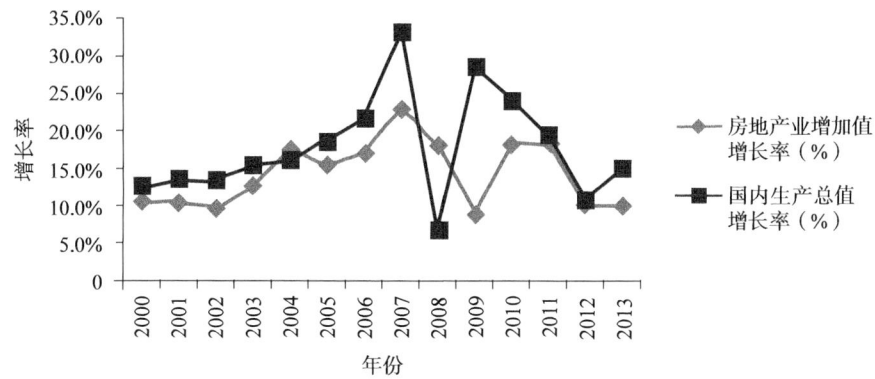

图3.3 房地产业增加值增长率与GDP增长率

数据来源：国家统计局

投资是经济发展的重要驱动因素之一，因此对于全社会固定资产的投资在很大程度上会拉动国民经济增长。也可以说，固定资产投资指标与经济增长具有相当高的同步性。仍以交通运输、仓储和邮政业及房地产业两个行业为代表，笔者描绘了行业固定资产投资增长率与全社会固定资产投资增长率的折线图，见图3.4、图3.5。图3.4描绘了交通运输、仓储和邮政业固定资产投资增长率与全社会固定资产投资增长率；图3.5展示了房地产业固定资产投资增长率与全社会固定资产投资增长率。这两张图的时间范围为2000—2014年，数据来源于国家统计局。

由图3.4和图3.5可以看出，代表性周期行业的固定资产投资增长率与全社会固定资产投资增长率具有高度相关性。也就是说，行业固定资产投资增长率与全社会固定资产投资增长率的变化基本上保持同样的变动趋势。但很明显的是，行业固定资产投资增长率相对于全社会固定资产投资增长率来说体现为增长率的大起大落。这显示了周期性行业在固定资产投资方面具有较强的波动性和周期性。

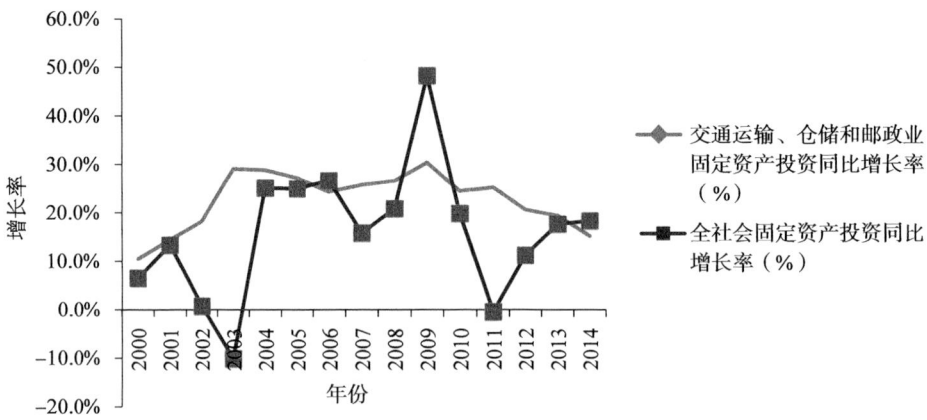

图 3.4 交通运输、仓储和邮政业固定资产投资增长率与全社会固定资产投资增长率

数据来源：国家统计局

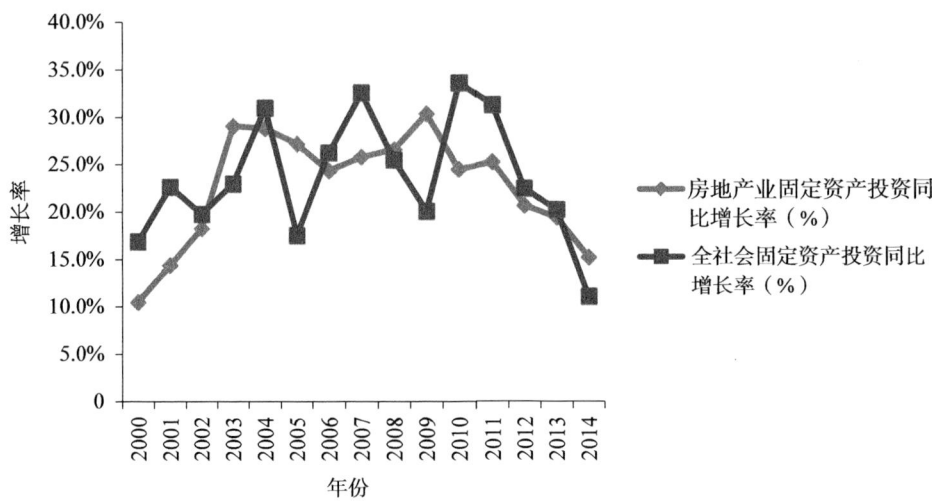

图 3.5 房地产业固定资产投资增长率与全社会固定资产投资增长率

数据来源：国家统计局

最后，关于周期性行业的特征，有以下两点需要强调。

第一，所谓"周期性"并不一定代表永久的周而复始。一个经济体的经济周期存在复苏、繁荣、衰退和萧条四个阶段，并且在经济体的存续期内都会一直持续循环下去。周期性行业虽然也会经历这四个阶段，但并不是每个行业或企业都能顺其自然地安然度过这四个阶段。收益的剧烈波动是周期性行业的一大特点。当经济运行良好时，这些行业固然可能会实现超过平均水平的收益；但是当经济不景气时，周期性行业的盈利削减也更为严重。因此，在行业的衰退和萧条期，周期性行业中的企业面临更大的财务风险与经营危机，它们未必有机会度过一轮完整的行业周期。如2008年的经济危机中，大量企业在经济周期的衰退中破产倒闭。

这是对处于周期性行业的企业的一种考验。另外，还有一种情况，就是整个行业的没落。这是由产品的新兴换代或需求转变导致某类产品被彻底淘汰所致。当一个行业的产品被迫全面退出历史舞台时，就注定了整个行业的萎缩甚至消亡，从而致使行业周期的结束。

第二，周期性行业的周期性特征体现为盈利能力反复涨跌的周期性波动，这与宏观经济周期的走势十分相似且密切相关。但每个行业的行业周期与经济周期的波动周期并不一定同步。企业的周期性既体现为企业产能规模的扩张收缩与经济周期扩张收缩的吻合程度，又体现为企业产品结构与需求结构的吻合程度。基于产业结构与产品需求特点的不同，有些行业的周期可能领先于宏观经济周期，有些可能滞后于宏观经济周期。

第4章 周期性行业的杠杆特征

古希腊的伟大科学家阿基米德曾说过这样一句话："给我一个支点，我将撬动整个地球。"这虽然是一种夸张的说法，但它形象地表述了杠杆的巨大作用力。财务管理学将物理学中的杠杆原理移植到企业中去，产生了经营杠杆、财务杠杆和综合杠杆三大杠杆。经营杠杆与财务杠杆分别反映了企业的资产结构与资本结构两大重要特征，因此是企业财务管理关注的重要方面；而综合杠杆是二者的复合，代表一个更为综合的杠杆作用。本书在研究企业杠杆时重点关注经营杠杆和财务杠杆。本书第2章详细阐述了经营杠杆与财务杠杆的定义与作用。本章将从实证角度检验宏观经济周期、行业周期性特征对企业的经营杠杆与财务杠杆的影响，并试图检验周期性行业在经营杠杆与财务杠杆方面所表现出的特征是否符合理论预期。

4.1 理论分析与文献回顾

关于经济周期对固定资产投资的影响，一般认为，在经济萧条期，受市场需求不振的影响，产量和销量下降，投资锐减；在经济繁荣期，市场需求旺盛，销量大幅上升，企业为应对扩张性生产需求会加大设备投资。权衡理论和啄序融资理论表明，公司财务杠杆水平与宏观经济形势之间存在密切联系。王明虎等（2004）研究发现，企业固定资产投资受经济周期波动影响，随着经济扩张而扩张，随着经济紧缩而收缩。行业生命周期理论认为，企业对资产结构的调整应考虑生命周期的不同阶段进行合理安排。一些实证检验结果也表明，在不同生命周期阶段，资产结构对企业价值的影响有差异（陆大兰，2008）。常颖、孙丽颖（2009）经实证检验发现，企业资产结构与价值之间存在微弱的倒 U 形关系，随着固定资产比重的不断上升，企业的绩效表现出先升后降的趋势。

关于资产结构的影响因素，很多研究发现宏观经济因素、行业发展等都会对企业的资产结构造成很大影响。Myers（1984）提出，企业的资产负债比率水平受行业特征的影响。近年来，国内学者对于中国各行业资本结构的研究表明，不同行业的资本结构存在显著的差异（郭鹏飞、孙培源，2003）。Tian 等（2015）对中国制造业上市公司的经验研究发现，资本结构的调整速度在产业生命周期的不同阶段具有显著不同。

资产结构和资本结构之间也存在一定的相关性。Stiglitz 和 Weiss（1981）等通过实证检验，也得到了企业资产结构和资本结构正相关的结论。Michaelas 等（1999）研究表明，在一个企业的资产中，固定资产及存货的比率较高时，其短期债务和长期债务的比值也相对较大。吕长江和韩慧博（2001）对我国上市公司的研究发现，固定资产比率与资产负债率具有负相关关系。

4.2 研究假设

周期性行业之所以受到经济周期影响表现出强烈的周期性波动,一个重要原因是这些行业短期内很难快速调整生产结构。也可以说,这些行业供给弹性较差,或者说具有供给刚性。哪些因素影响了企业生产结构的调整呢?最主要的就是经营杠杆与生产周期。企业的经营成本可以人为地分为固定成本与流动成本。固定成本投资所对应的资产一般是厂房、设备等使用期限较长、占用资金较多的固定资产,短期内很难转化为其他的用途或变现。当一个行业表现出固定资产投资规模大、生产周期长的生产特点,这个行业就很可能成为周期性行业。事实上,大多数周期性行业都是与固定资产投资高度相关的行业。因此笔者提出假设 1a。

假设 1a:处于周期性行业企业的经营杠杆高于防御性行业企业的经营杠杆。

公司的资本结构受到很多因素的影响。有研究指出,企业的固定资产比重与财务杠杆之间往往具有同向关联性(Stiglitz & Weiss,1981;Michaelas 等,1999)。Harris 和 Raviv(1991)根据来自美国企业的经验证据,得到如下结论:医药、仪器、电子和食品等行业的财务杠杆比率一向很低,而造纸、纺织品、钢铁、航空和水泥行业的财务杠杆比率一向较高。虽然这里并未提及周期性行业的概念,但事实上,这些高财务杠杆的行业都具有明显的周期性行业特征。而低财务杠杆行业与本书所界定的防御性行业十分接近,从而为周期性行业与防御性行业之间的财务杠杆差异提供了间接证明。笔者对周期性行业的财务杠杆特征提出如下假设:

假设 1b：处于周期性行业企业的财务杠杆高于防御性行业企业的财务杠杆。

周期性行业的一个显著特征是市场需求、产能和利润都表现出相对于防御性行业更为剧烈的反复波动。为了应对这种不断变化的市场与经营形势，具有战略眼光的周期性行业的企业管理者必须要根据外部条件及时调整企业的内部财务战略。其中，最重要的调节手段就是借助于经营杠杆和财务杠杆来控制销售变动对股东收益率的影响。由此可以得出这样的结论：周期性行业所在的企业需要更加频繁地，进行力度更大的资产结构与资本结构的调整。因此，可以提出如下假设：

假设 2a：处于周期性行业企业的经营杠杆波动程度高于防御性行业企业的经营杠杆波动程度。

假设 2b：处于周期性行业企业的财务杠杆波动程度高于防御性行业企业的财务杠杆波动程度。

企业的经营杠杆实际上反映了企业的投资水平，而财务杠杆则反映了企业的融资来源，这些都与企业的发展战略息息相关。而企业的管理者在制定财务战略时一定会考虑当下所处的经济周期。因此，企业的经营杠杆与财务杠杆除了受行业特征、公司性质等因素的影响，还受到宏观经济周期的重要影响。关于企业在经济周期的不同阶段会采取怎样的财务战略，有很多相关的理论与研究成果。对于固定资产投资规模，一般认为在宏观经济的扩张期，企业会加大固定资产投资（Qin & Song, 2009）。对于财务杠杆在经济周期不同阶段的表现，权衡理论、啄序融资理论、市场择时理论虽然解释的角度和立场不同，但结论上对经济扩张期负债比率会上升，经济紧缩期负债比率会下降这一假设都提供了一定的理论支持。也有很多实证研究验证了这一现象（Korajczyk 和 Levy，

2003；Levy & Hennessy，2007）。因此，笔者提出企业的经营杠杆与财务杠杆具有顺周期调整行为的假设：

假设 3a：企业的经营杠杆在经济周期的扩张期高于经济周期的紧缩期。

假设 3b：企业的财务杠杆在经济周期的扩张期高于经济周期的紧缩期。

假设 2a、2b 仅仅是对周期性行业经营杠杆、财务杠杆的波动程度进行了检验，并未体现出杠杆的波动性与经济周期之间的关系。假设 3a、3b 对经济周期对企业的财务战略的影响提出了假设，但并未考虑周期性行业的因素。企业经营杠杆与财务杠杆的作用取决于盈利的方向——有盈利时杠杆发挥正向作用；亏损时杠杆发挥负向作用，盈利或亏损的程度越高，杠杆的放大效果也越明显。基于这个逻辑，有理由认为盈利程度越高的企业越有动力提高杠杆；反之，亏损程度越高的企业越有动力降低杠杆。基于假设 2a、2b、3a、3b 的基础上，笔者提出如下一组假设：

假设 4a：周期性行业在经济周期的不同阶段对于经营杠杆的调整幅度显著高于防御性行业。

假设 4b：周期性行业在经济周期的不同阶段对于财务杠杆的调整幅度显著高于防御性行业。

4.3 研究设计

4.3.1 样本选择与数据

我国经济自 2000 年起进入第 10 个经济周期（刘树成，2009），经济周期的波动区间较为明确，因此本书所采用的面板数据时间范围为2000—2014年，时间跨度为15年。笔者首先选择了在此期间所有在中国A股市场上市交易的公司总计2828家，其次剔除了ST、PT等经营情况异常的公司，共计616家。由于金融业的财务指标与实体经济企业的财务指标意义相去甚远，为研究之便，笔者将金融行业的所有上市公司从样本中剔除，共计36家。最后，由于本研究涉及行业的划分，理论上应当将上市期间其所属行业类别发生过变更的公司予以剔除，经检验样本中不存在此类公司，所删除的样本数为0。经过上述筛选过程，笔者最终得到来自2176家上市公司的19020个观察值。其中，355家来自周期性行业，1821家来自防御性行业。按照IPO当年控股股东的股权性质来划分，2003年之后上市的公司中有279家来自国有控股企业，1120家来自非国有控股企业。2003年以前的关于股权性质的数据缺失。为了消除极端值的影响，笔者对所有连续变量均采取了1%水平的winsor截尾处理，即删除样本中大于99%分位和低于1%分位的观察值。截尾处理虽然会损失一些观察值，但这样的处理会使样本数据较为"干净"，不存在对原始数据的修改。本研究所采用的数据样本较大，因而较为适合截尾处理。本书的所有上市公司数据均来自CSMAR国泰安数据库。样本公司的上市时间及行业性质、企业性质的分布情况见表4.1。

来自周期性行业的355家公司分别来自采矿业（53家）、交通运输、仓储和邮政业（81家）、房地产业（73家）、以及制造业门类下的石油加工、炼焦和核燃料加工业（11家）、非金属矿物制品业（65家）、黑色金属冶炼和压延加工业（25家）、有色金属冶炼和压延加工业（47家）。每个行业的公司个数及观察值个数列在表4.2中。

表 4.1 样本公司分类统计情况

年份	当年 IPO 企业（个）	来自周期性行业企业（个）	来自防御性行业企业（个）	国有企业（个）	非国有企业（个）
2000 年以前	531	143	388	—	—
2000 年	107	25	82	—	—
2001 年	63	18	45	—	—
2002 年	56	18	38	—	—
2003 年	58	14	44	40	16
2004 年	85	7	78	42	42
2005 年	10	1	9	4	6
2006 年	79	18	61	36	43
2007 年	105	22	83	34	70
2008 年	52	7	45	11	40
2009 年	153	12	141	24	125
2010 年	347	29	318	42	303
2011 年	234	15	219	14	220
2012 年	130	12	118	15	112
2013 年	49	3	46	2	44
2014 年	117	11	106	15	99
合计	2176	355	1821	279	1120

表 4.2 周期性行业的行业选择与样本分布情况

行业代码	行业门类	行业大类	公司（个）	观察值（个）
B	采矿业	—	53	534
C25	制造业	石油加工、炼焦和核燃料加工业	11	126
C30		非金属矿物制品业	65	581
C31		黑色金属冶炼和压延加工业	25	343
C32		有色金属冶炼和压延加工业	47	448
G	交通运输、仓储和邮政业	—	81	934
K	房地产业	—	73	1012
合计		—	355	3978

4.3.2 变量描述

1. 关于被解释变量的说明

（1）经营杠杆

企业的经营杠杆是指由于企业的经营性成本和费用中包含了固定成本因素，从而使销售额的每一点变化，都将导致息税前利润出现更大幅度的波动。由于经营杠杆程度主要取决于固定资产的比重，因此以固定资产比率（Fixed_Ratio）来反映企业的经营杠杆程度。

$$固定资产比率 = \frac{固定资产}{资产总计}$$

固定资产比率越高，经营杠杆的作用越强，销售额的变化所导致的息税前利润变化程度就越大；反之，固定资产比率越低，经营杠杆的作用越小，销售额的变化所导致的息税前利润变化程度就越小。

（2）财务杠杆

财务杠杆是指由于企业的资本结构中包含了固定成本的融资来源，从而使息税前利润的每一点变化，都将导致每股收益出现更大幅度的波动。由于财务杠杆比率反映了企业在长期内偿还其债务的能力或其财务杠杆水平，这些比率也被称为长期偿债能力比率。本书采用资产负债率（Debt Ratio）作为反映企业财务杠杆的指标。

$$资产负债率 = \frac{负债合计}{资产总计}$$

资产负债率越高，反映出财务杠杆的作用越大，企业的财务风险也就越高；反之，资产负债率越低，表明财务杠杆的作用越小，财务风险也就越低。

（3）经营杠杆波动性

我们以经营杠杆波动性来衡量一个公司在不同年度区间内经营杠杆的波动程度，即衡量其在时间序列上的稳定性和持续性。此处的波动性是指纵向波动。参照权小锋和吴世农（2010）的做法，笔者取每个公司在观测期（15年）内经营杠杆的标准差（std_FR）来度量经营杠杆的波动性。

（4）财务杠杆波动性

同经营杠杆波动性的度量方法类似，笔者以每个公司在观测期内财务杠杆的标准差（std_DR）作为度量财务杠杆波动性的变量。

2. 关于解释变量的说明

（1）行业周期性

笔者以虚拟变量Cyclical代表行业周期性特征。企业所属行业为本书所认定的周期性行业则取1，企业所属行业为防御性行业则取0。根据本书第3章对于周期性行业与防御性行业的认定标准，样本中如下行业的行业周期性变量取值为1：行业门类中的B.采矿业、G.交通运输、仓储和邮政业、K.房地产业；制造业门类下行业大类中的C25.石油加工、炼焦和核燃料加工业、C30.非金属矿物制品业、C31.黑色金属冶炼和压延加工业、C32.有色金属冶炼和压延加工业。其他行业门类以及制造业下属的其他行业大类的行业周期性变量取值均为0。

（2）经济周期

关于我国经济周期的运动规律及扩张期与紧缩期的划分在本书第3章中有详细的论述。本章的实证以虚拟变量Cycle代表经济周期，经济周期扩张期的年份取1，紧缩期的年份取0。根据第3章的划分标准，该变量取值为1的扩张年份为 2003 年、2004 年、2005 年、2006 年、2007 年、2010 年、2011 年，共计 7 年；该变量取值为 0 的紧缩年份为 2000 年、2001 年、2002 年、2008 年、2009 年、2012 年、2013 年、2014 年，共计 8 年。

3. 关于控制变量的说明

企业的经营杠杆、财务杠杆会受到很多方面的影响。除了宏观经济周期、行业背景之外，企业个体的股权结构、资产规模、成长能力和自由现金流等因素都会对经营杠杆与财务杠杆产生较为重要的影响，因此在回归分析中要对相关变量加以控制。

（1）股权性质

很多研究表明，国有企业与民营企业在资产结构、资本结构方面都具有明显的差异性。因此，笔者采用虚拟变量 State 对国有企业和非国有企业加以区别，以上市公司实际控制人的性质来代表股权性质（State）。我国上市公司实际控制人性质包括国有控股、民营控股、外资控股、集体控股、社会团体控股和职工持股会控股等多种形式。此处将上市公司实际控制人为国有控股的设为 1，实际控制人为其他性质的公司均为 0。

（2）第一大股东持股比例

股权集中度的高低影响大股东与小股东的权利制衡，决定了大股东对公司决策的影响力。因此，公司的固定资产投资、债务融资都会受到股权集中度的影响。此处以第一大股东持股比例（Shrcr）代表股权集中度。

（3）公司规模

不同规模的企业在进行资产配置、融资决策时显然会有不同的策略安排。以年末资产总计的自然对数作为代表企业规模（Size）的变量。

（4）成长能力

处于不同成长时期，或者说成长能力不同的企业在资产配置、融资方面都会有不同的需求，因此笔者将成长能力这一变量也加以控制。此处以营业收入增长率来代表企业的成长能力（Growth）。

$$营业收入增长率 = \frac{营业收入期末余额 - 营业收入期初余额}{营业收入期初余额}$$

（5）自由现金流

企业所能支配的现金量的多少对于企业的投资决策与融资都有重大的影响作用。此处以企业自由现金流与资产总计的比率来度量企业的自由现金流充裕程度。其中，

企业自由现金流

= 净利润 + 利息费用 + 非现金支出 - 营运资本追加 - 资本性支出

上述所有变量的代码、名称、定义或描述在表4.3中加以总结。

表4.3 变量说明

	变量代码	变量名称	变量说明
被解释变量	Fixed_Ratio	经营杠杆	固定资产比率 = 固定资产/资产总计
	Debt_Ratio	财务杠杆	资产负债率 = 负债合计/资产总计
	std_FR	经营杠杆波动性	每个公司在观测期内经营杠杆的标准差
	std_DR	财务杠杆波动性	每个公司在观测期内财务杠杆的标准差
解释变量	Cyclical	行业周期性	周期性行业取1；防御性行业取0
	Cycle	经济周期	经济周期为扩张期的年份取1，紧缩期的年份取0

续表

	变量代码	变量名称	变量说明
控制变量	State	股权性质	国有控股取1,否则取0
	Shrcr	第一大股东持股比例	公司第一大股东持股比例
	Size	公司规模	企业年末资产总计的自然对数
	Growth	成长能力	营业收入增长率=(营业收入本年金额-营业收入上年金额)/营业收入上年金额
	fcf	自由现金流	企业自由现金流/资产总计；企业自由现金流=净利润+利息费用+非现金支出-营运资本追加-资本性支出

4.3.3 模型设计

（1）为了检验假设1a与1b，构建以下模型

$$Lev_i = \beta_0 + \beta_1 Cyclical + \beta_2 State + \beta_3 Shrcr + \beta_4 Size + \beta_5 Growth + \beta_6 fcf + \varepsilon \quad (4.1)$$

Lev_i代表企业的经营杠杆与财务杠杆，分别以固定资产比率Fixed_Ratio和资产负债率Debt_Ratio来表示。

如果假设1a、1b成立，那么其对应的回归方程中的系数β_1应显著为正。

对于面板数据，建立了回归模型之后，还需要确定合适的模型效应。面板数据，一般需要在混合回归、固定效应和随机效应三种模型中选择适用的模型。模型4.1包含了行业周期性（Cyclical）这一解释变量，而样本中企业所属的行业都是固定不变的。凡是含有不随时间变化而改变的变量，都不适用于固定效应模型。这样一来，只能选择混合回归或随机效应模型。笔者对上述模型进行了B-P检验，检验结果拒绝了原假设，即应当采用随机效应模型而非混合回归。

（2）为了检验假设 2a 与 2b，构建以下模型

$$Std\_Lev_i = \beta_0 + \beta_1 Cyclical + \beta_2 State + \beta_3 Shrcr + \beta_4 Size + \beta_5 Growth + \beta_6 fcf + \varepsilon \quad (4.2)$$

Std_Lev_i 代表经营杠杆的波动程度和财务杠杆的波动程度，分别以每家公司在观测期内固定资产比率的标准差 Std_FR 和资产负债率的标准差 Std_DR 来表示。

如果假设 2a、2b 成立，那么其对应的回归方程中的系数 β_1 应显著为正。

（3）为了检验假设 3a 与 3b，我们构建以下模型

$$Lev_i = \beta_0 + \beta_1 Cycle + \beta_2 State + \beta_3 Shrcr + \beta_4 Size + \beta_5 Growth + \beta_6 fcf + \sum year + \varepsilon \quad (4.3)$$

如果假设 3a、3b 成立，那么在其对应的回归方程中的系数 β_1 应显著为正。

对于模型（4.3），需要判断固定效应模型和随机效应模型哪一个更适用，为此进行了 Hausman 检验。因为检验结果拒绝了随机效应模型，所以模型（4.3）将采用固定效应，并对年度变量加以控制。

（4）为了检验假设 4a 与 4b，构建以下模型

$$Lev_i = \beta_0 + \beta_1 Cyclical + \beta_2 Cyclical^* Cycle + \beta_3 Cycle + \beta_4 State + \beta_5 Shrcr + \beta_6 Size + \beta_7 Growth + \beta_8 fcf + \varepsilon \quad (4.4)$$

如果假设 4a、4b 成立，那么其对应的回归方程中的系数 β_2 应显著为正。

基于与模型（4.1）相同的理由，模型（4.4）也不适用于固定效应模型。笔者对模型（4.4）进行了 B-P 检验，检验结果拒绝了原假设，应当采用随机效应模型而非混合回归。

4.4 实证检验

4.4.1 描述性统计

1. 周期性行业与防御性行业相关变量的对比性统计

笔者将所取得的观察值根据上市公司的行业周期性进行分组，并对其主要变量的均值进行了描述性统计。从表4.4的统计结果中可以看到，所有主要变量的平均值之间都具有显著差异，t检验的结果均在1%的程度上显著。周期性行业的平均固定资产比率（31.1%）明显高于防御性行业（24.3%），这说明周期性行业投资于固定资产的比重比防御性行业更大。显然，这是导致这些行业具有较强的周期性波动的一个重要因素。同样，周期性行业在资产负债率上也显著高于防御性行业，二者的平均资产负债率分别为47.9%和41.6%。这说明周期性行业所使用的债务融资比例远高于防御性行业。以上检验结果说明周期性行业对于经营杠杆和财务杠杆的使用程度大大地高于防御性行业，假设1a、1b得到初步验证。

对于固定资产比率波动性、资产负债率波动性两个指标的t检验结果显示，周期性行业均显著高于防御性行业。这说明周期性行业对于经营杠杆和财务杠杆的使用具有更大的波动性，假设2a、2b得到初步验证。

单变量检验的结果也为我们展示了周期性行业与防御性行业其他方面的特征。例如，以实际控制人性质的虚拟变量度量的股权性质检验结果显示，周期性行业中国有企业占比远远高于防御性行业。其中的原因不难理解：周期性行业受其行业特点制约,有很多来自于传统的国有垄断行业。分析结果也显示,周期性行业第一大股东持股比例也显著高于防御性行业。此外,二者的平均总资产规模相差十分显著,分别为 107 亿元和 44.3 亿元。周期性行业的自由现金流也表现出远高于防御性行业的水平,二者分别为 11100 万元和 3540 万元。以营业收入增长率来度量的公司成长能力,t 检验结果显示出周期性行业显著高于防御性行业。

表 4.4　周期性行业与防御性行业主要指标对比

财务指标（均值）	周期性行业	防御性行业	差异	t 值	p 值
固定资产比率	31.1%	24.3%	6.8%	19.141***	0.0000
资产负债率	47.9%	41.6%	6.3%	18.208***	0.0000
固定资产比率波动性	0.285	0.255	3.0%	5.387***	0.0000
资产负债率波动性	0.319	0.292	2.7%	19.524***	0.0000
股权性质	73.2%	47.6%	0.256	28.660***	0.0000
第一大股东持股比例	41.6%	36.8%	0.048	15.911***	0.0000
总资产规模（万元）	1070000	443000	627000	22.607***	0.0000
营业收入增长率	20.6%	18.1%	2.5%	4.120***	0.0000
自由现金流（万元）	11100	3540	7560	4.252***	0.0000

注:*** 表示在 1% 水平上显著。

总体来说,通过简单的单变量检验,可以初步总结出周期性行业的一些总体特征:相对于防御性行业来说,周期性行业平均而言使用了较高的经营杠杆与财务杠杆;国有控股企业的比例更高;第一大股东持股比例更高;具有较大的规模;拥有较多的自由现金流;有较强的成长能力。

2. 不同年份的经营杠杆和财务杠杆的差异

为了比较不同年份经营杠杆和财务杠杆的变动情况,笔者分别统计了每一年固定资产比率与资产负债率的平均水平,并与 GDP 增长率进行了比较。统计结果见表 4.5。通过表中数据,可以粗略地观察到固定资产比率和资产负债率整体来说在经济扩张期相对较高,在经济紧缩期相对较低。当然,并不是每一个年份都完全符合这一规律。

表 4.5 不同年份的经营杠杆和财务杠杆水平

年份	经济周期	GDP 增长率	固定资产比率	资产负债率
2000	紧缩期	10.6%	27.3%	39.0%
2001	紧缩期	10.5%	28.7%	39.6%
2002	紧缩期	9.7%	30.1%	41.7%
2003	扩张期	12.9%	30.3%	43.4%
2004	扩张期	17.7%	30.9%	45.3%
2005	扩张期	15.7%	32.0%	47.6%
2006	扩张期	17.1%	31.9%	48.3%
2007	扩张期	23.1%	27.8%	47.7%
2008	紧缩期	18.2%	27.7%	47.0%
2009	紧缩期	9.1%	25.7%	45.6%
2010	扩张期	18.3%	22.3%	41.9%
2011	扩张期	18.4%	21.2%	39.9%
2012	紧缩期	10.3%	22.1%	40.1%
2013	紧缩期	10.1%	23.2%	41.1%
2014	紧缩期	8.2%	23.2%	41.4%

为了便于观察企业经营杠杆、财务杠杆与GDP增长率之间的关系，笔者绘制了图4.1来展示GDP增长率与企业杠杆水平。从图中曲线的走势可以看出，在大部分时段，企业的固定资产比率、资产负债率与GDP增长率都保持了同向变化的趋势。由于GDP增长率可以代表经济增长趋势，因此可以初步判断，在经济增长率较高时，上市公司在提高固定资产投资、增加债务融资比例，这反映出企业在投资和融资上表现得比较积极，显示出扩张的财务战略。而在经济下行时，上市公司的固定资产比率和资产负债率也趋于下降，表现出收缩的财务战略。

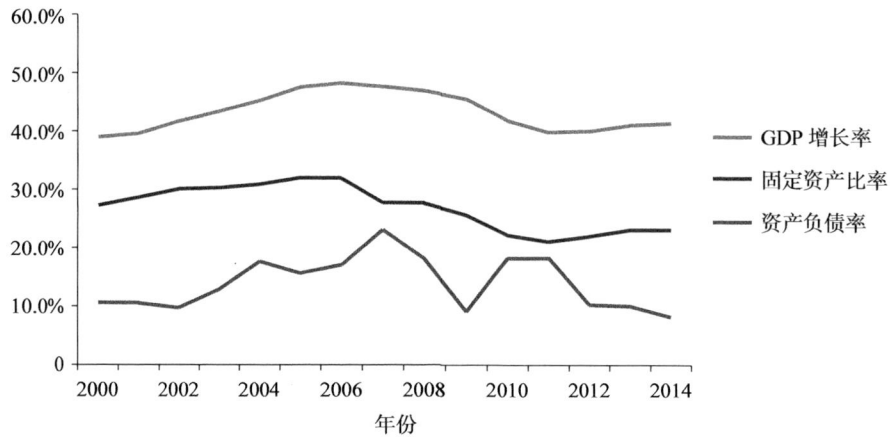

图 4.1　GDP 增长率与企业杠杆程度

3. 经济扩张期与紧缩期的经营杠杆、财务杠杆的差异

表4.5展示了每一年的经营杠杆与财务杠杆水平，但这样的比较并不足以判断企业的杠杆水平在经济扩张期与紧缩期是否存在显著的差异。为了得到这

一结论，笔者对经济周期不同阶段的经营杠杆与财务杠杆的均值进行了 t 检验，其结果如表 4.6 A 栏所示。就整体样本而言，经济扩张期的经营杠杆和财务杠杆水平都显著高于经济紧缩期，其 t 值在 1% 的水平上显著。这说明当宏观经济蓬勃向上时，企业表现得比较乐观，加大了对固定资产的投入，并启动了更多的债务融资；而当宏观经济萎靡时，企业表现得比较谨慎，投资行为和融资行为都较经济扩张期更为收缩。

笔者分别对周期性行业和防御性行业在经济扩张期与紧缩期的相关指标进行分组检验，其结果分别为表 4.6 的 B 栏和 C 栏。研究发现，无论是周期性行业还是防御性行业，其经营杠杆在不同时期都表现出与总体样本相同的趋势，即扩张期的经营杠杆显著高于紧缩期。至于财务杠杆水平，二者却有不同的表现。如 B 栏所示，周期性行业的财务杠杆在经济扩张期与紧缩期的差别并不显著；而 C 栏所示的防御性行业则表现出经济扩张期的财务杠杆显著高于经济紧缩期。依照这组数据来看，周期性行业在经济周期中的不同时期中对于举债融资的敏感性似乎逊于防御性行业。这与之前的逻辑分析似乎不相符合，笔者的逻辑假设认为周期性行业应当比防御性行业更具波动性，并且对经济环境更为敏感。数据分析显示的结果，可能是由于周期性行业的波动周期并非都与宏观经济周期同步的原因造成的。也就是说，周期性行业企业有可能会在行业周期发生反转时调整自己的财务杠杆，但这个调整时点可能未能反映在宏观经济周期变化的时点上。

表 4.6　经济扩张期与紧缩期经营杠杆与财务杠杆的差异

财务指标（均值）	扩张期	紧缩期	差异	t 值	p 值
A 栏：整体样本					
经营杠杆	26.7%	24.9%	1.8%	7.420***	0.0000
财务杠杆	44.1%	42.0%	2.1%	7.760***	0.0000
B 栏：周期性行业					
经营杠杆	32.1%	30.2%	1.9%	2.896***	0.0038
财务杠杆	48.2%	47.6%	0.6%	0.992***	0.3212
C 栏：防御性行业					
经营杠杆	25.3%	23.6%	1.7%	6.432***	0.0000
财务杠杆	43.0%	40.5%	2.5%	7.712***	0.0000

注：*** 表示在 1% 水平上显著。

4.4.2　相关性检验

笔者对主要变量之间的相关性进行了 pearson 检验，结果如表 4.7 所示。检验结果显示，经营杠杆与行业周期性、经济周期都呈显著正相关，与其他各个控制变量之间的相关系数也表现出 10% 以上水平的显著相关。财务杠杆也是如此。但所有的解释变量和控制变量之间的相关系数都比较低，说明模型不存在严重的多重共线性问题。

表 4.7　相关性检验

	Fixed_Ratio	Debt_Ratio	Cyclical	Cycle	State	Shrcr	Size	Growth	fcf
Fixed_Ratio	1								
Debt_Ratio	0.1142*	1							

续表

	Fixed_Ratio	Debt_Ratio	Cyclical	Cycle	State	Shrcr	Size	Growth	fcf
Cyclical	0.1606*	0.1342*							
Cycle	0.0546*	0.0567*	0.0261*	1					
State	0.2445*	0.3073*	0.2053*	0.1639*	1				
Shrcr	0.0754*	0.0242*	0.1278*	0.0806*	0.2080*	1			
Size	0.1109*	0.4608*	0.2718*	−0.0617*	0.3228*	0.1917*	1		
Growth	−0.0261*	0.0737*	0.0353*	0.1699*	−0.0306*	0.0363*	0.0238*	1	
fcf	0.0795*	−0.0398*	−0.0133*	−0.0249*	0.0003	0.0579*	−0.0167*	−0.0298	1

注：* 表示在10%水平上显著。

4.4.3 回归分析

1. 行业周期性对企业经营杠杆、财务杠杆的影响

前面的单变量检验已初步检验了周期性行业与防御性行业的差别，说明周期性行业对企业的经营杠杆和财务杠杆有一定的影响。本小节将通过多元回归模型来验证样本中周期性行业特征对企业的经营杠杆和财务杠杆是否具有显著影响。

表4.8是对模型（4.1）采用随机效应模型进行回归分析的结果。列（1）的被解释变量为经营杠杆（Fixed_Ratio），解释变量行业周期性（Cyclical）的系数在1%的水平上显著为正，表明周期性行业的经营杠杆更高。列（2）以财务杠杆（Debt_Ratio）为被解释变量，行业周期性（Cyclical）的系数也为正向显著，但显著水平为10%，表明周期性行业也具有较高的财务杠杆。这两个检验的结

果与前面的 t 检验结果相吻合,从而假设 1a、1b 得到了验证,即周期性行业具有高经营杠杆、高财务杠杆的特征。

此外,从多元回归分析结果来看,股权性质与经营杠杆、财务杠杆都显著正相关,说明国有企业具有较高的固定资产比率和资产负债率。第一大股东持股比例的高低似乎只对经营杠杆有一定程度的影响,即第一大股东持股比例越集中,企业的经营杠杆越高。从企业规模来看,规模较大的上市公司其固定资产比率相对较低,说明在大型公司里资金更多地被投放到固定资产以外的用途上。但企业规模与资产负债率呈正向相关关系,说明规模越大的公司负债融资的比例越高。公司的成长性似乎对固定资产投入没有特别的影响,但很明显的是,成长性较高的公司承担的负债较多。企业的自由现金流与经营杠杆、财务杠杆均表现出显著正相关关系,即自由现金流充裕的企业其固定资产投资更高,债务融资比例也更高。

表 4.8 行业周期性对企业杠杆的影响

解释变量	被解释变量	
	(1)	(2)
	Fixed_Ratio	Debt_Ratio
Cyclical	0.075***	0.016*
	(8.716)	(1.813)
State	0.052***	0.041***
	(12.584)	(9.249)
Shrcr	0.019*	−0.013
	(1.780)	(−1.141)
Size	−0.029***	0.071***
	(−23.088)	(53.182)

续表

解释变量	被解释变量	
	（1）	（2）
	Fixed_Ratio	Debt_Ratio
Growth	−0.004	0.034***
	（−1.488）	（11.969）
fcf	0.134***	0.073***
	（15.924）	（8.161）
Constant	0.827***	−1.163***
	（29.414）	（−38.869）
Observations	13720	13704
Number of Stkcd	1975	1973

注：（1）*** 和 * 分别表示在 1% 和 10% 水平上显著。（2）括号内为相应的 t 值或 z 值。（3）被解释变量和解释变量分别进行了 1% 水平的 winsorize 处理。

为了进一步检验行业周期性特征对经营杠杆与财务杠杆波动性的影响，笔者对模型（4.2）进行了回归分析，结果见表 4.9。列（1）、列（2）分别以经营杠杆波动性、财务杠杆波动性为被解释变量。回归结果显示，行业周期性的系数均在 1% 的水平上显著为正，与前面的单变量检验结果完全一致。这说明周期性行业的经营杠杆与财务杠杆整体而言相对于防御性行业波动得更为剧烈，假设 2a、2b 得到了验证。周期性行业经营杠杆与财务杠杆较高的波动性反映了周期性行业的企业管理人员在经济环境发生变化时对企业财务战略的调整相对于防御性行业的调整幅度更大。

表 4.9 行业周期性对杠杆波动性的影响

解释变量	被解释变量	
	(1)	(2)
	std_FR	std_DR
Cyclical	0.029***	0.025***
	(15.822)	(14.531)
State	0.031***	0.019***
	(21.093)	(13.620)
Shrcr	−0.004	0.002
	(−0.868)	(0.450)
Size	−0.008***	0.000
	(−12.537)	(0.205)
Growth	−0.007***	0.018***
	(−2.815)	(7.698)
fcf	0.002	−0.036***
	(0.262)	(−4.980)
Constant	0.410***	0.275***
	(31.116)	(22.171)
Observations	13975	13948

注:(1)*** 表示在1%水平上显著。(2)括号内为相应的 t 值或 z 值。(3)被解释变量和解释变量分别进行了1%水平的 winsorize 处理。

2. 经济周期对企业经营杠杆、财务杠杆的影响

表 4.10 展示了经济周期对企业经营杠杆、财务杠杆的影响。对模型（4.3）采取固定效应模型进行回归分析的结果表明，经济周期与经营杠杆、财务杠杆的相关系数均显著为正，且在1%的水平上显著，与单变量的 t 检验结果相呼应。也就是说，在宏观经济的扩张期，企业的经营杠杆与财务杠杆要显著高于宏观

第 4 章 周期性行业的杠杆特征

经济的紧缩期,假设 3a、3b 得到验证。这说明企业的管理者或多或少地认识到杠杆机制的效应。在宏观经济景气、企业容易产生盈利的情况下,管理者会使用较高的经营杠杆与财务杠杆;当经济低迷、市场不振时,管理者倾向于使用较低的经营杠杆与财务杠杆。这种情况与权衡理论的预测相一致。

表 4.10 经济周期对企业杠杆的影响

解释变量	被解释变量	
	(1)	(2)
	Fixed_Ratio	Debt_Ratio
Cyclical	0.027***	0.035***
	(5.234)	(6.272)
State	0.014***	0.001
	(2.792)	(0.144)
Shrcr	−0.069***	−0.020
	(−5.283)	(−1.441)
Size	−0.020***	0.095***
	(−9.364)	(41.076)
Growth	−0.004	0.029***
	(−1.356)	(10.027)
fcf	0.134***	0.086***
	(16.162)	(9.686)
$\sum$ year	控制	控制
Constant	0.718***	−1.641***
	(14.973)	(−31.951)
Observations	13720	13704
R-squared	0.127	0.194
Number of Stkcd	1975	1973

注:(1)*** 表示在 1% 水平上显著。(2)括号内为相应的 t 值或 z 值。(3)被解释变量和解释变量分别进行了 1% 水平的 winsorize 处理。

3. 行业周期性与经济周期的共同影响

本章最后一个模型，即模型（4.4），检验的是行业周期性与经济周期对企业的经营杠杆与财务杠杆的综合影响。采用的回归模型为随机效应模型，实证分析结果见表4.11。将行业周期性与经济周期变量纳入同一个模型进行检验的结果显示，行业周期性与经济周期对两个杠杆的水平都具有正向显著影响，并且行业周期性与经济周期的交乘项也表现为显著正相关。这说明经济周期对企业经营杠杆与财务杠杆的影响在周期性行业中体现得更为显著，假设4a、4b得到验证。

表4.11 行业周期性与经济周期对企业杠杆的共同影响

解释变量	被解释变量	
	（1）	（2）
	Fixed_Ratio	Debt_Ratio
Cyclical	0.069***	0.018**
	（7.894）	（1.979）
State	0.010***	0.009**
	（2.802）	（2.276）
Shrcr	0.002**	0.010***
	（2.028）	（5.104）
Size	0.052***	0.041***
	（12.371）	（9.271）
Growth	0.016	−0.023**
	（−2.088）	（10.621）
fcf	0.135***	0.074***
	（15.932）	（8.191）

续表

解释变量	被解释变量	
	（1）	（2）
	Fixed_Ratio	Debt_Ratio
Constant	0.793***	−1.214***
	（26.170）	（−37.824）
Observations	13720	13704
Number of Stkcd	1975	1973

注：（1）***，**，*分别表示在1%，5%和10%水平上显著。（2）括号内为相应的t值或z值。（3）被解释变量和解释变量分别进行了1%水平的winsorize处理。

4.5 主要结论

本章针对周期性行业的特点，利用2000—2014年中国A股上市公司的样本数据，基于对经济周期不同阶段的划分，对周期性行业的经营杠杆与财务杠杆特性进行了验证。经过实证分析，得到以下结论：① 周期性行业的经营杠杆和财务杠杆显著高于防御性行业；周期性行业的企业整体而言相对于防御性行业的企业具有更大的规模、更高的成长性；上市公司中周期性行业国有企业的比例明显高于防御性行业；周期性行业企业的第一大股东持股比例显著高于防御性行业的企业，从而体现出较高的股权集中度。这些经验证据证明了周期性行业与防御性行业在企业特性方面的确存在着较为显著的差异。② 在经济周期的上升期中，企业会增加经营杠杆和财务杠杆的程度；在经济周期的下降期中，企业会降低经营杠杆和财务杠杆的程度。这说明企业管理者会根据经济环境的变化来合理地动态调整企业的资产结构和资本结构,以充分利用杠杆的正面效应,降低不利影响。这验证了企业管理者对于最佳资本结构的选择符合权衡理论,在财务战略管理上存在择时行为。③ 对于经营杠杆和财务杠杆的波动程度进行回归分析,结果发现周期性行业的经营杠杆和财务杠杆比防御性行业具有更大幅度的波动性。进一步引入行业周期性与经济周期的交乘项进行检验的结果显示:周期性行业受经济周期影响对经营杠杆与财务杠杆的调整幅度较防御性行业更为显著。

    本书对于周期性行业在经济周期的不同阶段中的经营杠杆与财务杠杆程度的检验,不仅从实证角度提供了周期性行业具有高经营杠杆与财务杠杆的证据,并且对相关理论在中国市场的验证提供了数据支持。研究结果表明,中国上市公司对于资本结构目标管理符合权衡理论的理解。此外,我国公司的财务管理中存在择时行为,企业管理者会针对经济形势与行业特点对企业的财务战略进行动态管理。

第 5 章 周期性行业的盈利性分析

本章基于宏观到微观的传导机制,研究了经济周期的不同阶段对企业盈利能力的影响方式,并以行业周期性特征为解释变量,检验了周期性行业和防御性行业在经济周期不同阶段盈利能力的差异。实证检验结果发现,企业在经济扩张期的盈利水平高于经济紧缩期;而经济周期对企业盈利波动的这种影响在周期性行业中体现得更为显著。这个结论不仅从实证角度验证了周期性行业本身较为强烈的盈利波动性特征,并且验证了周期性行业的波动与经济周期之间存在着密切联系。

5.1 理论分析与文献回顾

根据 Boudoukh 等(1994)等人给出的周期性行业的定义,周期性行业是受经济周期波动影响较大的行业,而这种波动最直接、最主要的体现就是利润等盈利指标的变化。很多人根据经验及行业特点将一些行业定性为周期性行业,另一些行业归为防御性行业。如 Boudoukh 等(1994)、Jin(2005)、孙晓涛(2012)在各自的研究中对于周期性行业与防御性行业的划分都形成了各自不同的结论。

需要说明的是,这些划分标准一般都建立在经验认识的基础之上,而对于周期性行业与防御性行业之间差异的实证检验的研究却十分匮乏。Jin(2005)对经济周期与财务指标的研究表明,周期性行业的绩效指标对于经济环境的变化相对于防御性行业更为敏感。孙晓涛(2012)对中国工业行业的行业周期性特征进行了研究,他以平稳时间序列的序列相关性来检验这些行业增加值的序列波动性与经济整体运行的相关性强弱,以此来区别强周期性行业、中等强度周期性行业与弱周期性行业。陈武朝(2013)对周期性行业和非周期行业在盈余管理方面的不同进行了研究,发现周期性行业在经济周期的不同阶段对盈余管理程度显著不同:在经济收缩期,盈余管理程度显著高于经济扩张期;而非周期性行业在不同的经济周期中没有这种显著差异。目前,已有的文献很少从企业盈利波动性的角度来验证周期性行业的行业特征。本章的研究将试图弥补这方面的空白,对周期性行业企业的利润变动与经济周期的波动之间的关联性进行研究。

5.2 研究假设

从产品需求的角度来看,周期性行业的产品通常具有较高的需求弹性,而防御性行业的产品需求一般缺乏弹性。因此,宏观经济形势对周期性行业会具有更为显著的影响,导致周期性行业的利润随着经济周期波段的转换产生较大幅度的涨跌波动。Jin（2005）证明，周期性行业相对于防御性行业无论是在经济衰退期还是经济繁荣期，都受到经济环境更为强烈的影响。因此笔者认为，周期性行业与其相对的防御性行业的盈利水平的差异并不在于绝对值的高低，而是波动程度的不同，由此提出假设1。

假设1：周期性行业企业的利润率的波动性大于防御性行业企业的利润率的波动性。

在检验周期性行业的利润率波动规律与经济周期之间的关系时，需要先确立经济周期本身对企业盈利能力的影响。Brown 和 Ball（1967）的经典论著证明了宏观经济增长率、行业利润率对公司盈利能力具有重要影响。Klein 和 Marquardta（2001）的研究发现，企业的财务亏损与经济周期具有密切联系。由于大多数行业与企业的经营情况是顺经济周期而变动的，所以从逻辑上很容易推理出后，宏观经济发展较好的时候，企业的盈利能力和盈利增长能力都会好于经济萧条时期，由此提出以下假设。

假设2a：经济周期扩张期企业的利润率高于经济周期紧缩期的利润率。

假设2b：经济周期扩张期企业的利润率增长速度高于经济周期紧缩期的利润率增长速度。

假设1对于周期性行业利润率波动的基本模式提出了假设，但对于假设1的检验并不能回答周期性行业在什么情况下高于防御性行业，在什么情况下低于防御性行业。第3章的周期性行业的定义中已提及，所谓周期性行业的周期性主要体现为行业受经济周期影响而出现更大幅度的波动。也就是说，周期性行业的波动并不是随机的，而是与经济周期的走势具有密切联系。周期性行业产品同时兼具高需求弹性与低供给弹性的特点，因此当经济繁荣期来临时，市场对于这类产品的需求高涨而供给几乎维持不变，其结果就是周期性行业的产品利润相对于防御性行业增长得更快；反之，在经济紧缩期，市场需求的快速萎缩与供给刚性的结合会使周期性行业的利润下滑相对于防御性行业更为猛烈。因此，周期性行业利润的涨跌往往与经济周期所处的阶段紧密相连，即在宏观经济上涨时，周期性行业利润上涨的幅度更大；在宏观经济下行时，周期性行业利润下滑的程度更深。基于假设1与假设2a、2b，提出如下一组假设。

假设3a：在经济周期的扩张期，周期性行业企业的利润率高于防御性行业企业的利润率。

假设3b：在经济周期的紧缩期，周期性行业企业的利润率低于防御性行业企业的利润率。

5.3 研究设计

5.3.1 样本选择与数据

本章的实证研究所选的样本范围与本书第4章完全相同：选择以2000—2014年中国A股上市公司为研究对象，并剔除ST、PT等经营情况异常的公司及金融行业的全部样本，最终得到来自2176家上市公司的19020个观察值，上市公司的财务数据取自CSMAR国泰安数据库。为了消除极端值的影响，笔者对所有连续变量进行了1%水平的winsor截尾处理。

5.3.2 变量描述

1. 关于被解释变量的说明

笔者采用获利能力比率来衡量企业的经营绩效。获利能力比率是用来衡量公司使用并管理其资产创造效益的能力的指标。这组指标又分为三类：销售获利能力、总资产获利能力及净资产获利能力。销售获利能力比率告诉我们公司每 1 元的销售收入会创造出多少利润。总资产收益率用来衡量公司每 1 元资产所能产生的利润。净资产收益率用来衡量股东在该年度的获利情况。

相应地，共采用三个具有代表性的获利能力指标，具体包括：

（1）经营利润率（EBIT_Margin）

$$经营利润率 = 经营利润 / 营业收入$$

$$经营利润 = 营业收入 - 营业成本 - 营业税金及附加 - 销售费用 - 管理费用$$

这里的经营利润采用的是美国会计准则所使用的"息税前收益"，相当于毛利减去营业税金及附加、经营费用（包括销售费用、管理费用），反映了未减利息和所得税之前的营业利润。这个概念比较适合于对企业经营绩效进行分析和评估。特别要说明的是，本书所使用的"经营利润"的口径与我国当前利润表中的"营业利润"有很大的不同。我国利润表中的"营业利润"是在我们的"经营利润"的基础上，又减掉了"财务费用""资产减值损失"，增加了"公允价值变动收益"和"投资收益"。而后面四项费用或收益并非来自于营业活动，可以想象这样的数字包含了很多因投资而产生的收益或损失，因此如用其考察经营单位的经营绩效会产生很大的扭曲。也正是这个原因，很多学者在进行财务分析时会采用本书所用到的经营利润及经营利润率的概念，如张建平（2004）。张新民、王秀丽（2003）建立的"核心利润"概念与本书所使用的经营利润较为接近，但二者也略有不同：核心利润是在本书的经营利润基础上又减掉了财务费用。笔者认为，财务费用主要取决于市场利率水平及企业的融资安排，而非企业的经营行为，所以本书对企业的经营利润进行评估时对财务费用也不予考虑。

（2）总资产收益率（ROA）

总资产收益率（ROA）＝净利润／平均资产总计

平均资产总计＝（资产总计期末余额＋资产总计期初余额）／2

（3）净资产收益率（ROE）

净资产收益率＝净利润／平均股东权益合计

平均股东权益合计＝（股东权益期末余额＋股东权益期初余额）／2

2. 关于解释变量的说明

本章的回归分析所包含的解释变量有行业周期性虚拟变量和经济周期虚拟变量，其具体含义参见第4章关于解释变量的说明。

3. 关于控制变量的说明

由本书第2章的文献综述所提及的关于企业绩效的影响因素可知，经营杠杆、财务杠杆对企业绩效具有重要影响。还有很多公司特征也会影响企业绩效，如股权性质、股权集中度、企业规模、成长能力和自由现金流等。因此，笔者在研究企业经营绩效时对上述相关变量加以控制。上述变量的具体定义在第4章的控制变量中均已进行过解释，此处不再赘述。

所有变量的名称、代码、定义或描述总结见表5.1。

表 5.1 变量说明

变量种类	变量代码	变量名称	变量说明
利润率变量	EBIT_Margin	经营利润率	经营利润/营业收入,经营利润=营业收入－营业成本－营业税金及附加－销售费用－管理费用
	ROA	总资产收益率	净利润/平均资产总计,平均资产总计=(资产总计期末余额+资产总计期初余额)/2
	ROE	净资产收益率	净利润/平均股东权益合计,平均股东权益合计=(股东权益期末余额+股东权益期初余额)/2
利润增长率	ΔEM	经营利润率增长率	(经营利润率本年期末值－经营利润率上年期末值)/经营利润率上年期末值
	ΔROA	ROA 增长率	(ROA 本年期末值－ROA 上年期末值)/ROA 上年期末值
	ΔROE	ROE 增长率	(ROE 本年期末值－ROE 上年期末值)/ROE 上年期末值
利润率波动性	std_EM	经营利润率波动性	每个公司在观测期内经营利润率的标准差
	std_ROA	ROA 波动性	每个公司在观测期内 ROA 的标准差
	std_ROE	ROE 波动性	每个公司在观测期内 ROE 的标准差
解释变量	Cyclical	行业周期性	周期性行业取 1;防御性行业取 0
	Cycle	经济周期	经济周期为扩张期的年份取 1,紧缩期的年份取 0
控制变量	Fixed_Ratio	经营杠杆	固定资产比率=固定资产/资产总计
	Debt_Ratio	财务杠杆	资产负债率=负债合计/资产总计
	State	股权性质	国有控股取 1,否则取 0
	Shrcr	第一大股东持股比例	公司第一大股东持股比例
	Size	公司规模	企业年末资产总计的自然对数
	Growth	成长能力	营业收入增长率=(营业收入本年金额－营业收入上年金额)/营业收入上年金额
	fcf	自由现金流	企业自由现金流/资产总计;企业自由现金流=(净利润+利息费用+非现金支出)－营运资本追加－资本性支出

5.3.3 模型设计

1. 对假设 1 的检验模型

$$std\_Per_i = \beta_0 + \beta_1 Cyclical + \beta_2 Fixed\_Ratio + \beta_3 Debt\_Ratio + \beta_4 State$$
$$+ \beta_5 Shrcr + \beta_6 Size + \beta_7 Growth + \beta_8 fcf + \varepsilon \quad (5.1)$$

Std_Per$_i$ 代表利润率的波动程度,分别表示为每家公司在观测期内经营利润率的标准差 Std_EM、ROA 的标准差 Std_ROA 和 ROE 的标准差 Std_ROE。如果假设 1 成立,那么回归方程中的系数 β_1 应显著为正。

2. 对假设 2a、2b 的检验模型

$$Per_i = \beta_0 + \beta_1 Cycle + \beta_2 Fixed\_Ratio + \beta_3 Debt\_Ratio + \beta_4 State$$
$$+ \beta_5 Shrcr + \beta_6 Size + \beta_7 Growth + \beta_8 fcf + \sum year + \varepsilon \quad (5.2)$$

$$\Delta Per_i = \beta_0 + \beta_1 Cycle + \beta_2 Fixed\_Ratio + \beta_3 Debt\_Ratio + \beta_4 State$$
$$+ \beta_5 Shrcr + \beta_6 Size + \beta_7 Growth + \beta_8 fcf + \sum year + \varepsilon \quad (5.3)$$

Per$_i$ 是代表企业盈利能力的一组指标,包括经营利润率、ROA 和 ROE。

ΔPer_i 反映企业的盈利增长能力,包括经营利润率、ROA 和 ROE 等利润指标的增长率。

如果假设 2a、2b 成立,那么其对应的回归方程中的系数 β_1 应显著为正。

3. 对假设 3a、3b 的检验模型

首先基于行业周期性与经济周期及其交乘项等几个主要解释变量建立了以下模型:

第5章 周期性行业的盈利性分析

$$\text{Per}_i = \beta_0 + \beta_1 \text{Cyclical} + \beta_2 \text{Cyclical} * \text{Cycle} + \beta_3 \text{Cycle} + \beta_4 \text{Fixed\_Ratio} \\ + \beta_5 \text{Debt\_Ratio} + \beta_6 \text{State} + \beta_7 \text{Shrcr} + \beta_8 \text{Size} + \beta_9 \text{Growth} + \beta_{10} \text{fcf} + \varepsilon \quad (5.4)$$

$$\Delta \text{Per}_i = \beta_0 + \beta_1 \text{Cyclical} + \beta_2 \text{Cyclical} * \text{Cycle} + \beta_3 \text{Cycle} + \beta_4 \text{Fixed\_Ratio} \\ + \beta_5 \text{Debt\_Ratio} + \beta_6 \text{State} + \beta_7 \text{Shrcr} + \beta_8 \text{Size} + \beta_9 \text{Growth} + \beta_{10} \text{fcf} + \varepsilon \quad (5.5)$$

在此基础上,为了具体了解在经济周期的不同阶段周期性行业的盈利表现,笔者将时间范围区间区分为经济扩张期与经济紧缩期两个不同的时期,对全部样本进行分组分析,并建立以下模型:

$$\text{Per}_i = \beta_0 + \beta_1 \text{Cyclical} + \beta_2 \text{Fixed\_Ratio} + \beta_3 \text{Debt\_Ratio} + \beta_4 \text{State} \\ + \beta_5 \text{Shrcr} + \beta_6 \text{Size} + \beta_7 \text{Growth} + \beta_8 \text{fcf} + \varepsilon \quad (5.6)$$

$$\Delta \text{Per}_i = \beta_0 + \beta_1 \text{Cyclical} + \beta_2 \text{Fixed\_Ratio} + \beta_3 \text{Debt\_Ratio} + \beta_4 \text{State} \\ + \beta_5 \text{Shrcr} + \beta_6 \text{Size} + \beta_7 \text{Growth} + \beta_8 \text{fcf} + \varepsilon \quad (5.7)$$

如果假设3a成立,那么以经济扩张期为样本范围进行回归的β_1应显著为正。

如果假设3b成立,那么以经济紧缩期为样本范围进行回归的β_1应显著为负。

建立了回归模型之后,还需要确定合适的模型效应。除了模型5.1之外,其他模型所对应的样本均属于面板数据,一般需要在混合回归、固定效应和随机效应三种模型中选择适用的模型。对于模型(5.2)、模型(5.3),需要判断固定效应模型和随机效应模型哪一个更适用,为此笔者进行了Hausman检验。因为检验结果拒绝了随机效应模型,所以这两个模型将采用固定效应,并对年度变量加以控制。模型(5.4)、模型(5.5)、模型(5.6)、模型(5.7)当中都包含了周期性行业(Cyclical)这一解释变量,而样本中企业所属的行业都是固定不变的。凡是含有不随时间变化而改变的变量,都不适用于固定效应模型。这样一来,只能选择混合回归或随机效应模型。笔者对上述几个模型进行了B-P检验,检验结果拒绝了原假设,即应当采用随机效应模型而非混合回归。

5.4 实证检验

5.4.1 描述性统计

1. 周期性行业与防御性行业的盈利指标对比

本章的描述性统计仍然是以行业的周期性为分类标准,关注周期性行业与防御性行业二者之间利润率的平均值的差异。由于周期性行业与防御性行业理论上在经济周期的不同阶段应当具有不同的走势,因此又进一步将经济周期区分为扩张期与紧缩期,以观察二者在不同的经济周期中的对比关系。单变量检验结果如表5.2所示。

表 5.2 周期性行业与防御性行业的盈利指标对比

财务指标(均值)	周期性行业	防御性行业	差异	t 值	p 值
A 栏:利润率水平—所有年份					
经营利润率	0.133	0.096	0.037	17.721***	0.0000
ROA	0.049	0.048	0.001	0.605***	0.5451
ROE	0.093	0.084	0.009	6.436***	0.0000
经营利润率增长率	−11.1%	−14.0%	2.9%	1.541***	0.1233
ROA 增长率	−20.2%	−17.7%	−2.5%	−0.755***	0.4503

续表

财务指标（均值）	周期性行业	防御性行业	差异	t 值	p 值
ROE 增长率	−18.8%	−17.3%	−1.5%	−0.432***	0.6655
B 栏：利润率标准差—所有年份					
经营利润率波动性	0.245	0.208	0.037	29.306***	0.0000
ROA 波动性	0.17	0.156	0.014	16.109***	0.0000
ROE 波动性	0.233	0.211	0.022	18.341***	0.0000
C 栏：经济扩张期					
经营利润率	0.14	0.096	0.044	14.278***	0.0000
ROA	0.056	0.049	0.007	5.738***	0.0000
ROE	0.108	0.088	0.02	9.044***	0.0000
经营利润率增长率	−5.6%	−12.8%	7.2%	2.685***	0.0073
ROA 增长率	−0.3%	−5.2%	4.9%	1.016***	0.3099
ROE 增长率	4.1%	−2.8%	6.9%	1.405***	0.1603
D 栏：经济紧缩期					
经营利润率	0.127	0.097	0.03	11.014***	0.0000
ROA	0.042	0.048	−0.006	−5.031***	0.0000
ROE	0.081	0.081	0	−0.177***	0.8592
经营利润率增长率	−15.4%	−14.8%	−0.6%	−0.255***	0.7989
ROA 增长率	−37.0%	−25.9%	−11.1%	−2.341***	0.0193
ROE 增长率	−38.1%	−26.9%	−11.2%	−2.226***	0.0261

注：*** 表示在 1% 水平上显著。

表5.2 的 A 栏为整体样本的描述性统计。统计结果显示，相对于防御性行业，周期性行业只有部分绩效变量体现出相对较高的趋势。具体来说，周期性行业的经营利润率（EBIT_Margin）与净资产收益率（ROE）显著高于防御性行业，

而总资产收益率（ROA）及这三个利润率指标的增长率并没有显著差异。应当说，周期性行业在整体上表现出高于防御性行业的利润率水平并不是理论分析所预见到的。笔者只是分析了周期性行业具有更高的波动性，因而会表现出阶段性高于或低于防御性行业的整体绩效。实证检验周期性行业的平均经营利润率和平均 ROE 高于防御性行业，说明周期性行业因具有更高的业绩波动性而带来更高的经营风险与财务风险，需要更高的收益补偿机制。

表 5.2 的 B 栏检验了周期性行业与防御性行业企业的三个利润率指标波动性情况。从以每个公司在观测期内的利润率标准差来衡量的企业纵向利润波动性来看，周期性行业的企业在不同年度间的利润波动率显著高于防御性行业，表现为周期性行业的经营利润率波动性、ROA 波动性和 ROE 波动性三个指标的平均值均在 1% 的水平上显著高于防御性行业。假设 1 得到初步验证。

再来看表 5.2 的 C 栏和 D 栏，观察表格第 4 列的差异或第 5 列的 t 值时，会发现一个非常明显的对比情况：在经济扩张期，这两列的数值全部为正，在经济紧缩期，这两列的数值大部分为负。虽然 t 检验的结果只有部分显著，但其方向性差别表现得十分明显。这个结果告诉我们，在宏观经济周期的扩张期，周期性行业的经营利润率、ROA、ROE 及经营利润率的增长率的均值都显著高于防御性行业，t 检验在 1% 的水平上显著；而在宏观经济周期的紧缩期，情况恰恰相反，周期性行业在 ROA、ROA 增长率、ROE 增长率三个指标上体现出显著低于防御性行业的劣势。其中，第一个指标为 1% 水平显著，后两个指标则表现为 5% 程度上的显著。根据经济周期不同阶段分组检验的结果不仅进一步验证了假设 1，并且为假设 3 周期性行业在不同经济时期相对盈利能力的差异提供了一定的证据。

2. 不同年份的经营绩效水平

表5.3提供了每一年度企业的经营利润率、ROA和ROE的平均值,以及宏观经济指标GDP增长率。表中每个变量做成图5.1中的折线图,可更加清晰地展示出企业利润率指标与宏观经济增长率之间的对比关系。从表中数据及图形可以粗略地观察到,企业的三个盈利能力指标与经济增长之间基本上呈现一致的走势,但在一些较短的时间范围内也多次出现相反的趋势。这说明企业盈利情况与宏观经济环境并非完全一致。GDP的增长率与企业利润率的关系见图5.1。

表5.3 不同年份的盈利情况

年份	经济周期	GDP增长率	经营利润率(%)	ROA(%)	ROE(%)
2000	上升期	10.6%	0.115	0.058	0.097
2001	上升期	10.5%	0.104	0.047	0.076
2002	上升期	9.7%	0.097	0.04	0.067
2003	上升期	12.9%	0.092	0.042	0.073
2004	上升期	17.7%	0.094	0.043	0.079
2005	上升期	15.7%	0.08	0.04	0.074
2006	上升期	17.1%	0.087	0.046	0.087
2007	上升期	23.1%	0.109	0.056	0.109
2008	下降期	18.2%	0.099	0.045	0.086
2009	下降期	9.1%	0.109	0.05	0.096
2010	上升期	18.3%	0.124	0.059	0.109
2011	上升期	18.4%	0.118	0.056	0.097
2012	下降期	10.3%	0.103	0.046	0.078
2013	下降期	10.1%	0.099	0.046	0.079
2014	下降期	8.2%	0.101	0.045	0.077

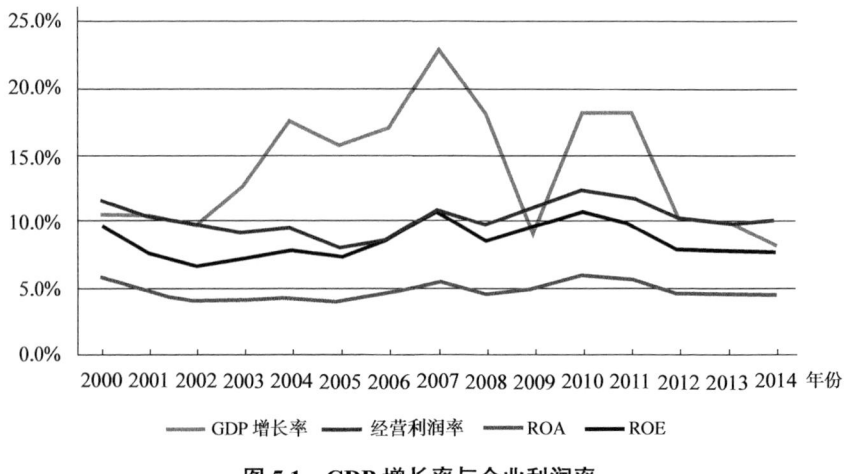

图 5.1 GDP 增长率与企业利润率

3. 经济扩张期与紧缩期盈利能力的差异

为了进一步研究经济扩张期与紧缩期企业的绩效表现,笔者将经济年度区分为扩张期与紧缩期两个阶段,并对这两个时期的企业经营利润率、ROA、ROE 等盈利能力指标进行了对比检验,结果见表 5.4。其中,A 栏以整体样本为研究对象,B 栏是针对周期性行业,C 栏则只包括防御性行业。A 栏对整体样本的检验结果显示,经济周期扩张期企业利润率的平均值及利润增长率的平均值均显著高于经济周期紧缩期。假设 2a、2b 得到初步验证。其中,经营利润率、经营利润率增长率 t 检验分别为 10% 和 5% 水平上的显著,ROA、ROE 和 ROA 增长率、ROE 增长率的差异则更为显著,表现为 1% 水平上的显著差别。ROA、ROE 在经济周期的扩张期与紧缩期的差异显著性高于经营利润率的差异,说明企业所使用的经营杠杆和财务杠杆放大了总资产收益和净资产收益能力的程度。

第 5 章 周期性行业的盈利性分析

针对周期性行业（B栏）和防御性行业（C栏）的样本分组检验又得到了更细化的分析结果。B栏的周期性行业在经济扩张期和紧缩期的所有利润率指标及利润增长率指标全部全现出1%水平上的显著差异。而C栏的防御性行业在扩张期和紧缩期的绩效差异程度的显著性低于整体样本，更低于周期性行业。在经营利润率和经营利润增长率上，防御性行业在经济周期的扩张期和紧缩期并没有显著差别，ROA也只表现出10%水平上的显著性。ROE、ROA和ROE增长率表现出1%水平上的差异。这组对比分析说明周期性行业相对于防御性行业乃至整体样本来说，更明显地受到经济周期的影响，周期性行业的利润状况在经济扩张期与经济紧缩期具有更剧烈的波动效应。

表5.4 经济扩张期与紧缩期盈利能力的差异

财务指标（均值）	周期性行业	防御性行业	差异	t值	p值
A栏：整体样本					
经营利润率	0.105	0.102	0.003	2.042*	0.0411
ROA	0.051	0.046	0.005	6.000***	0.0000
ROE	0.092	0.081	0.011	9.723***	0.0000
经营利润率增长率	−11.2%	−14.9%	3.7%	2.254***	0.0242
ROA增长率	−4.0%	−28.2%	24.2%	8.735***	0.0000
ROE增长率	−1.1%	−29.2%	28.1%	9.729***	0.0000
B栏：周期性行业					
经营利润率	0.14	0.127	0.013	3.351***	0.0008
ROA	0.056	0.042	0.014	9.550***	0.0000
ROE	0.108	0.081	0.027	10.434***	0.0000
经营利润率增长率	−5.6%	−15.4%	9.8%	3.028***	0.0025
ROA增长率	−0.3%	−37.0%	36.7%	6.104***	0.0000
ROE增长率	4.1%	−38.1%	42.2%	6.803***	0.0000

续表

财务指标（均值）	周期性行业	防御性行业	差异	t 值	p 值
C 栏：防御性行业					
经营利润率	0.096	0.097	−0.001	0.129***	0.8975
ROA	0.049	0.048	0.001	1.730***	0.0837
ROE	0.088	0.081	0.007	5.080***	0.0000
经营利润率增长率	−12.8%	−14.8%	2.0%	1.0287***	0.3037
ROA 增长率	−5.2%	−25.9%	20.7%	6.6185***	0.0000
ROE 增长率	−2.8%	−26.9%	24.1%	7.3571***	0.0000

注：*** 表示在 1% 水平上显著。

5.4.2 相关性检验

笔者对主要变量之间的相关性进行了 pearson 检验，结果如表 5.5 所示。检验结果显示，主要变量之间都呈 10% 以上水平的显著相关。但所有的解释变量和控制变量之间的相关系数都比较低，说明模型不存在严重的多重共线性问题。

5.4.3 回归分析

1. 行业周期性对企业盈利性的影响

前面的理论分析已阐述过，周期性行业在经营绩效或者盈利能力上所表现出的特征并不是绝对的高盈利性或低盈利性，而是阶段性的波动程度更为剧烈。因此，关于周期性行业对于企业盈利能力的影响，本章重点考察其盈利波动性。

第5章 周期性行业的盈利性分析

表5.5 相关性检验

	EBIT_Margin	ROA	ROE	Cyclical	Cycle	Fixed_Ratio	Debt_Ratio	State	Shrcr	Size	Growth	fcf
EBIT_Margin	1											
ROA	0.5873*	1										
ROE	0.5019*	0.8669*	1									
Cyclical	0.1462*	0.0047	0.0520*	1								
Cycle	0.0151*	0.0469*	0.0761*	0.0261*	1							
Fixed_Ratio	−0.0434*	−0.0993*	−0.0992*	0.1606*	0.0546*	1						
Debt_Ratio	−0.2668*	−0.3588*	−0.0095	0.1342*	0.0567*	0.1142*	1					
State	−0.1448*	−0.1324*	−0.0258*	0.2053*	0.1639*	0.2445*	0.3073*	1				
Shrcr	0.0753*	0.0696*	0.0820*	0.1278*	0.0806*	0.0754*	0.0242*	0.2080*	1			
Size	0.0011	−0.0092	0.1887*	0.2718*	−0.0617*	0.1109*	0.4608*	0.3228*	0.1917*	1		
Growth	0.1675*	0.2380*	0.2830*	0.0353*	0.1699*	−0.0261*	0.0737*	−0.0306*	0.0363*	0.0238*	1	
fcf	0.0145*	0.0610*	0.0243*	−0.0133*	−0.0249*	0.0795*	−0.0398*	0.0003	0.0579*	−0.0167*	−0.0298*	1

注：*表示在10%水平上显著。

表 5.6 为对模型（5.1）进行多元回归分析的结果。在分别以经营利润率波动性、ROA 波动性、ROE 波动性为被解释变量的三列回归结果中，能够看到行业周期性变量（Cyclical）都具有高度显著的正相关系数，其显著程度为 1% 水平。与前一节的单变量 t 检验结果相一致，周期性行业显示出明显高于防御性行业的利润率波动水平，假设 1 得到验证。这说明周期性行业在不同阶段的盈利状况的确表现出更明显的涨跌起落。这与防御性行业相对稳定的收益率形成鲜明对比。具体是怎样的波动形态，将在后面的实证分析中进一步探讨。

此外，从多元回归模型中也可以看到，固定资产比率（Fixed_Ratio）对盈利波动性的影响具有显著正相关关系，与三个波动性指标之间的相关系数都具有 1% 水平的显著性。这说明固定资产投资越多的企业，盈利波动水平越为剧烈。这是由于重固定资产的行业生产供给弹性较差，不能随经济形势和市场需求的变化及时调整生产能力，从而导致出现利润暴涨和暴跌的局面。

资产负债率（Debt_Ratio）与盈利波动性之间的关系十分有趣。对于经营利润率和 ROA 的波动性来说，资产负债率越高，利润率的波动性越小。而对于 ROE 波动性，资产负债率却具有显著的正向影响。也就是说，资产负债率越高，以净资产收益率来衡量的盈利能力波动幅度是越大的。对于这个现象，可以解释为债务融资较高的企业相对于高股权融资的企业在经营上表现出更高的稳健性，但是由于债务融资的财务杠杆效应放大了净资产收益率，从而导致净资产收益率较高的波动性。

此外，从多元回归分析结果来看，还能发现其他一些因素也会对企业盈利能力的波动性产生一定的影响。如国有企业利润率的波动性更高；第一大股东持股比例越高，其利润率的波动性越低，或者说稳定性越高。这说明股权结构影响到股东对于收益率稳定性的要求。

表 5.6 周期性行业对企业利润率波动性的影响

解释变量	被解释变量		
	(1)	(2)	(3)
	std_EM	std_ROA	std_ROE
Cyclical	0.039***	0.011***	0.011***
	(24.166)	(10.798)	(7.526)
Fixed_Ratio	0.038***	0.033***	0.033***
	(10.209)	(13.706)	(10.232)
Debt_Ratio	−0.071***	−0.018***	0.086***
	(−19.415)	(−7.811)	(26.962)
State	0.008***	0.008***	0.016***
	(6.307)	(8.998)	(13.620)
Shrcr	−0.026***	−0.011***	−0.019***
	(−6.228)	(−3.977)	(−4.986)
Size	−0.003***	0.001*	0.001
	(−4.197)	(1.913)	(1.237)
Growth	0.002	0.002	0.003
	(0.826)	(1.444)	(1.338)
fcf	−0.004	0.011**	0.010
	(−0.586)	(2.420)	(1.594)
Constant	0.288***	0.140***	0.150***
	(23.186)	(17.487)	(13.837)
Observations	13427	13395	13408

注：(1) ***、** 和 * 分别表示在 1%、5% 和 10% 水平上显著。(2) 括号内为相应的 t 值或 z 值。(3) 被解释变量和解释变量分别进行了 1% 水平的 winsorize 处理。

2. 经济周期对企业盈利性的影响

表 5.7、表 5.8 展示了经济周期对企业利润率及利润增长率的影响。表 5.7 为模型（5.2）固定效应的实证分析结果。阶段中可以看到，Cycle 的系数显示出经济周期与企业盈利性具有显著正相关关系，以经营利润率、ROA 和 ROE 三个盈利指标分别作为被解释变量，其检验结果均表现出 1% 水平的显著正相关。也就是说，在宏观经济的扩张期，企业的盈利能力要明显强于宏观经济的紧缩期，假设 2a 得到验证。表 5.8 对应模型（5.3），检验经济周期与企业利润增长率之间的关系，回归模型采取了固定效应模型。其检验结果表明，在经济周期的不同阶段，利润增长率也表现出一定程度的差异。其中，经营利润率增长率受经济周期的影响不显著，而 ROA、ROE 的增长率均表现出与经济周期显著正相关的关系，假设 2b 得到部分验证。这说明，在经济周期的扩张阶段，企业各项利润率指标和以总资产收益率、净资产收益率衡量的利润率增长速度都远远好于经济周期的紧缩期。结合模型（5.2）和模型（5.3）的检验结果显示，经济周期对企业盈利情况具有很大影响，不仅体现为利润率水平在经济扩张期和紧缩期的显著差异，也体现为利润增长速度的不同。

表 5.7 的结果还显示，企业的经营杠杆（Fixed_Ratio）与财务杠杆（Debt_Ratio）与企业盈利水平具有高度的负相关关系，对经营利润率、ROA 和 ROE 三个利润率指标的检验均为 1% 水平上显著。表 5.8 的结果显示，经营杠杆（Fixed_Ratio）与财务杠杆（Debt_Ratio）对企业盈利增长能力也具有显著负向影响（经营利润率增长率、ROA 增长率、ROE 增长率三个被解释变量均体现出 1% 水平的显著性）。这说明，从总体上看，较高的经营杠杆和财务杠杆不利于企业业绩水平的提升。当然，本小节的模型仅仅是将经营杠杆与财务杠杆作为控制变量笼统地加入回归模型，而没有考虑不同行业、不同周期、不同样

本范围的区别，因此只能作为一个整体的判断，而不能说明经营杠杆与财务杠杆的具体作用机制。

表 5.7 经济周期对企业利润率的影响

解释变量	被解释变量		
	（1）	（2）	（3）
	EBIT_Margin	ROA	ROE
Cycle	0.010***	0.003***	0.007***
	（8.213）	（5.593）	（5.780）
Fixed_Ratio	−0.063***	−0.050***	−0.089***
	（−9.768）	（−14.968）	（−13.547）
Debt_Ratio	−0.121***	−0.106***	−0.080***
	（−20.026）	（−33.556）	（−12.982）
State	−0.010***	−0.009***	−0.016***
	（−2.915）	（−4.778）	（−4.323）
Shrcr	0.060***	0.008*	0.021**
	（7.208）	（1.878）	（2.498）
Size	0.009***	0.002***	0.008***
	（7.371）	（3.558）	（6.869）
Growth	0.037***	0.031***	0.059***
	（19.356）	（31.294）	（30.138）
fcf	0.017***	0.016***	0.016***
	（2.959）	（5.347）	（2.618）
$\sum$ year	控制	控制	控制
Constant	−0.051*	0.055***	−0.050*
	（−1.937）	（3.972）	（−1.849）
Observations	13090	13205	13200
R-squared	0.116	0.217	0.148
Number of Stkcd	1961	1965	1966

注：（1）***、**和*分别表示在1%、5%和10%水平上显著。（2）括号内为相应的 t 值或 z 值。（3）被解释变量和解释变量分别进行了1%水平的 winsorize 处理。

根据表 5.7、表 5.8 的实证检验结果，股权结构对企业盈利能力的影响也是显著的。国有企业的财务绩效明显低于民营企业。而股权集中度越高（以第一大投东持股比例 Shrcr 代表），企业财务绩效越好。这与很多学者在这方面的研究结论相一致（陈小悦和徐晓，2001；刘小玄和李利英，2005；徐莉萍等，2006）。公司成长性（Growth）与企业绩效具有显著正相关关系，说明成长速度较快的公司往往表现出较为良好的经营绩效。

表 5.8　经济周期对企业利润增长率的影响

解释变量	被解释变量		
	（1）	（2）	（3）
	ΔEM	ΔROA	ΔROE
Cycle	−0.020	0.124***	0.162***
	（−0.928）	（3.381）	（4.194）
Fixed_Ratio	−0.416***	−0.895***	−0.960***
	（−3.434）	（−4.489）	（−4.574）
Debt_Ratio	−0.588***	−1.951***	−1.737***
	（−5.172）	（−10.512）	（−8.897）
State	−0.079	−0.081	−0.057
	（−1.166）	（−0.740）	（−0.495）
Shrcr	−0.014	−0.388	−0.154
	（−0.092）	（−1.531）	（−0.576）
Size	0.031	0.032	0.033
	（1.415）	（0.876）	（0.852）
Growth	0.400***	1.014***	1.122***
	（11.270）	（17.145）	（18.035）
fcf	−0.057	0.256	0.374*
	（−0.520）	（1.404）	（1.945）

续表

解释变量	被解释变量		
	(1)	(2)	(3)
	△EM	△ROA	△ROE
∑year	控制	控制	控制
Constant	−0.449	0.224	−0.008
	(−0.910)	(0.276)	(−0.010)
Observations	12977	12086	12091
R-squared	0.015	0.044	0.046
Number of Stkcd	1965	1916	1916

注：(1) *** 和 * 分别表示在 1% 和 10% 水平上显著。(2) 括号内为相应的 t 值或 z 值。(3) 被解释变量和解释变量分别进行了 1% 水平的 winsorize 处理。

3. 行业周期性与经济周期的共同影响

为了检验行业周期性与经济周期对企业绩效的叠加影响，本小节将在同一个回归模型中同时加入行业周期性（Cyclical）、经济周期（Cycle）及其交乘项变量。由前面的理论分析可知，周期性行业与防御性行业在盈利能力上的差异在不同的经济周期中具有方向上的不同。因此，将不同时期放在一起进行回归分析与预期结果并没有直接的关联。此处，笔者对于模型（5.4）和模型（5.5）的分析结果主要用于同后面的分组检验结果进行对比，对应模型（5.6）和模型（5.7）。

首先，以三个利润率指标为被解释变量，对模型 5.4 进行了回归分析，见表 5.9。其次，以经济扩张期和经济紧缩期两个时期的样本对同样的被解释变量基于模型 5.6 进行了分组检验，见表 5.10。这两个模型因包含不随时间而变化的变量均采用了随机效应模型。

表 5.9 行业周期性、经济周期对企业利润率的影响

解释变量	被解释变量		
	（1）	（2）	（3）
	EBIT_Margin	ROA	ROE
Cyclical	0.030***	−0.003	−0.008**
	（6.065）	（−1.638）	（−2.554）
Cyclical* Cycle	0.012***	0.011***	0.023***
	（4.650）	（8.562）	（9.074）
Cycle	0.008***	0.003***	0.006***
	（6.199）	（4.572）	（4.912）
Fixed_Ratio	−0.049***	−0.037***	−0.065***
	（−8.484）	（−13.631）	（−13.331）
Debt_Ratio	−0.137***	−0.105***	−0.063***
	（−25.503）	（−41.034）	（−13.561）
State	−0.013***	−0.003**	−0.004*
	（−4.965）	（−2.248）	（−1.746）
Shrcr	0.053***	0.014***	0.024***
	（7.662）	（4.307）	（4.130）
Size	0.011***	0.006***	0.015***
	（11.489）	（13.333）	（17.979）
Growth	0.039***	0.032***	0.061***
	（21.005）	（33.196）	（32.017）
fcf	0.017***	0.016***	0.013**
	（2.946）	（5.314）	（2.324）
Constant	−0.104***	−0.043***	−0.220***
	（−4.937）	（−4.402）	（−12.542）
Observations	13090	13205	13200
Number of Stkcd	1961	1965	1966

注：（1）***、**和*分别表示在1%、5%和10%水平上显著。（2）括号内为相应的t值或z值。（3）被解释变量和解释变量分别进行了1%水平的winsorize处理。

第 5 章 周期性行业的盈利性分析

从表 5.9 所示的全体样本混合在一起的检验结果来看，经济周期（Cycle）的系数仍显著为正，与之前单独检验经济周期的情况并没有变化；行业周期性（Cyclical）与经济周期（Cycle）的交乘项系数（Cyclical×Cycle）也表现出高度正相关关系；但行业周期性对于三个被解释变量的解释方向和程度却各不相同。对经营利润率的解释显著为正，对 ROA 不显著，对 ROE 的解释显著为负。由于周期性行业主要特征是利润率水平波动性较大，而非绝对值的高低，因此行业周期性对于利润率水平的影响并不是重点要关注和解释的现象。这个结果只能说明利润率水平在不同的行业间存在一些差异。

对假设 3a、3b 的验证依据主要来自表 5.10 和表 5.12，即对模型（5.6）和模型（5.7）的分组样本回归分析。表 5.10（1）～表 5.10（3）三列的观察值来自经济扩张期的数据，表 5.10（4）～表 5.10（6）三列的观察值来自经济紧缩期的数据。分组检验的对比结果显示，在经济扩张期以各项盈利指标为被解释变量，行业周期性的系数都显著为正。也就是说，在经济扩张期，周期性行业的盈利水平显著高于防御性行业。假设 3a 得到初步验证。

而在经济紧缩期，只有经营利润率一项指标的检验结果显示周期性行业显著高于防御性行业，以 ROA、ROE 为被解释变量的回归结果显示行业周期性的系数为负，但不显著。这样一来，假设 3b 没能得到验证，即以笔者所划分的经济周期来看，实证检验结果并没能证明在理论上所预期的，在经济紧缩期周期性行业的盈利性差于防御性行业。

虽然如此，对同样一个模型和变量基于两个不同时期样本的检验，其结果表现出的差别还是能说明一些问题的。以 ROA、ROE 来衡量的盈利能力来看，周期性行业在经济扩张期显著高于防御性行业，在经济紧缩期却与防御性行业没有显著差别。这说明当经济由好变坏时，周期性行业对于防御性行业的相对盈力能力下降了。或者说，假设应当这样修正：周期性行业相对于防御性行业来说，其盈利能力在宏观经济景气时具有更加明显的优势。

表5.10 行业周期性对企业利润率的影响——分经济周期的不同阶段

解释变量	经济扩张期			经济紧缩期		
	（1）	（2）	（3）	（4）	（5）	（6）
	EBIT_Margin	ROA	ROE	EBIT_Margin	ROA	ROE
Cyclical	0.047***	0.005**	0.008***	0.033***	−0.002	−0.005
	（8.676）	（2.455）	（2.638）	（6.196）	（−0.908）	（−1.531）
Fixed_Ratio	−0.033***	−0.023***	−0.044***	−0.038***	−0.040***	−0.073***
	（−4.298）	（−6.808）	（−7.265）	（−4.678）	（−10.767）	（−10.862）
Debt_Ratio	−0.149***	−0.109***	−0.059***	−0.134***	−0.103***	−0.062***
	（−20.137）	（−32.353）	（−9.724）	（−17.613）	（−29.333）	（−9.679）
State	−0.017***	−0.007***	−0.012***	−0.010***	0.002	0.004
	（−5.353）	（−4.721）	（−4.876）	（−2.772）	（1.334）	（1.575）
Shrcr	0.032***	0.003	0.004	0.073***	0.032***	0.052***
	（3.693）	（0.720）	（0.613）	（7.075）	（6.955）	（6.520）
Size	0.014***	0.010***	0.022***	0.007***	0.003***	0.010***
	（10.851）	（17.075）	（20.605）	（5.226）	（5.635）	（8.786）
Growth	0.030***	0.029***	0.055***	0.049***	0.035***	0.065***
	（11.565）	（20.882）	（20.312）	（18.193）	（24.874）	（23.811）
fcf	0.016*	0.019***	0.023***	0.009	0.018***	0.016**
	（1.942）	（4.281）	（2.681）	（1.069）	（4.281）	（1.990）
Constant	−0.150***	−0.118***	−0.350***	−0.023	0.008	−0.116***
	（−5.351）	（−9.541）	（−16.014）	（−0.844）	（0.626）	（−5.132）
Observations	6033	6161	6145	7057	7044	7055
Number of Stkcd	1475	1486	1486	1940	1944	1949

注：（1）***、** 和 * 分别表示在1%、5%和10%水平上显著。（2）括号内为相应的 t 值或 z 值。（3）被解释变量和解释变量分别进行了1%水平的winsorize处理。

第 5 章 周期性行业的盈利性分析

模型（5.5）与模型（5.4）的目标近似，也是为了检验行业周期性与经济周期对企业绩效的叠加影响而建立的。模型（5.5）以三个利润率的增长率为被解释变量，从利润增长速度的角度来考察周期性行业与防御性行业在经济周期的不同阶段有何不同表现。对模型（5.5）的分析结果见表 5.11。模型（5.7）对经济扩张期和经济紧缩期两个时期的样本进行了分组检验，结果见表 5.12。两个模型均采用随机效应模型。

表 5.11 对全体样本的检验结果显示，行业周期性的系数显著为负，说明周期性行业的增长率总体上要低于防御性行业；经济周期对部分被解释变量的系数显著为正，与前面单独检验的结果相一致；二者的交乘项系数显著为正。同样，将不同经济周期中的样本放在一起检验的结果并不是笔者所要关注的重点，因此接下来将通过对分组样本的检验与分析来验证假设 3a 与 3b。

表 5.12 对模型（5.7）利润增长率的分组检验结果有鲜明对比。在经济扩张期，如表 5.12（1）~表 5.12（3）三列所示，行业周期性只有一个回归的系数显著为正，且显著程度不高（10%）。经济扩张期周期性行业的盈利水平显著高于防御性行业的假设（假设 3a）得到了比较微弱的验证。

而在经济紧缩期，如表 5.12（4）~表 5.12（6）三列所示，行业周期性与利润增长率中的两个指标表现出程度较高的显著负相关。这说明在经济紧缩期，周期性行业的盈利增长速度显著低于防御性行业。因此，以利润增长速度来衡量，假设 3b 得到了验证。

表 5.11 行业周期性、经济周期对企业利润增长率的影响

解释变量	被解释变量		
	(1)	(2)	(3)
	ΔEM	ΔROA	ΔROE
Cyclical	−0.055*	−0.148***	−0.149**
	(−1.674)	(−2.661)	(−2.532)
Cyclical* Cycle	0.119***	0.143**	0.147*
	(2.658)	(1.984)	(1.933)
Cycle	−0.014	0.157***	0.183***
	(−0.678)	(4.553)	(5.035)
Fixed_Ratio	−0.187***	−0.486***	−0.537***
	(−3.442)	(−5.134)	(−5.384)
Debt_Ratio	−0.209***	−0.877***	−0.884***
	(−3.952)	(−9.395)	(−8.972)
State	0.024	0.055	0.064*
	(1.234)	(1.578)	(1.727)
Shrcr	−0.101*	0.027	0.080
	(−1.665)	(0.248)	(0.696)
Size	0.056***	0.106***	0.105***
	(6.203)	(6.699)	(6.276)
Growth	0.388***	0.945***	1.077***
	(12.240)	(17.745)	(19.206)
fcf	−0.006	0.207	0.354**
	(−0.060)	(1.252)	(2.033)
Constant	−1.239***	−2.229***	−2.244***
	(−6.713)	(−6.829)	(−6.516)
Observations	12977	12086	12091
Number of Stkcd	1965	1916	1916

注:(1) ***、** 和 * 分别表示在1%、5% 和10% 水平上显著。(2) 括号内为相应的 t 值或 z 值。(3) 被解释变量和解释变量分别进行了 1% 水平的 winsorize 处理。

第5章 周期性行业的盈利性分析

表5.12 行业周期性对企业利润增长率的影响——分经济周期的不同阶段

解释变量	经济扩张期			经济紧缩期		
	（1）	（2）	（3）	（4）	（5）	（6）
	−EM	−ROA	−ROE	−EM	−ROA	−ROE
Cyclical	0.057*	0.012	0.009	−0.045	−0.167***	−0.160**
	（1.747）	（0.231）	（0.166）	（−1.284）	（−2.737）	（−2.513）
Fixed_Ratio	−0.228***	−0.329***	−0.373***	−0.145*	−0.618***	−0.669***
	（−2.972）	（−2.682）	（−2.925）	（−1.832）	（−4.557）	（−4.702）
Debt_Ratio	−0.175**	−0.807***	−0.694***	−0.232***	−0.885***	−0.977***
	（−2.267）	（−6.270）	（−5.178）	（−3.090）	（−6.848）	（−7.194）
State	−0.002	0.057	0.077	0.050*	0.042	0.048
	（−0.086）	（1.181）	（1.538）	（1.768）	（0.860）	（0.953）
Shrcr	−0.008	−0.229	−0.110	−0.167*	0.312**	0.293*
	（−0.098）	（−1.618）	（−0.747）	（−1.867）	（1.997）	（1.786）
Size	0.069***	0.081***	0.080***	0.045***	0.126***	0.127***
	（5.214）	（3.819）	（3.627）	（3.539）	（5.674）	（5.475）
Growth	0.331***	0.794***	0.949***	0.444***	1.099***	1.195***
	（7.474）	（10.861）	（12.491）	（9.768）	（14.172）	（14.492）
fcf	0.031	0.423*	0.516**	−0.036	−0.010	0.182
	（0.220）	（1.798）	（2.108）	（−0.263）	（−0.041）	（0.735）
Constant	−1.546***	−1.469***	−1.562***	−1.006***	−2.727***	−2.736***
	（−5.733）	（−3.389）	（−3.464）	（−3.868）	（−6.049）	（−5.786）
Observations	5937	5542	5548	7040	6544	6543
Number of Stkcd	1478	1222	1222	1950	1903	1903

注：（1）***、**和*分别表示在1%、5%和10%水平上显著。（2）括号内为相应的t值或z值。（3）被解释变量和解释变量分别进行了1%水平的winsorize处理。

综合对模型（5.6）和模型（5.7）分别进行分组检验的结果，可以认为假设3a、3b得到了一定程度的验证。尽管以利润率水平为被解释变量［模型（5.6）］的检验结果与假设的并不完全一致，但可以得到一个有修正的结论。总之，通过对以利润率和利润增长率为代表的盈利能力进行研究发现，经济周期对于周期性行业与防御性行业的相对盈利能力具有重大影响。周期性行业相对于防御性行业在经济扩张期体现出明显的相对优势，在经济紧缩期体现出明显的劣势。这是通过实证研究得到的周期性行业的一个重要特征。

5.5 主要结论

本章的实证研究重点检验了周期性行业在盈利能力方面的特征。首先，周期性行业利润率的波动性比防御性行业更大。这一点对人们对于周期性行业的经验认识提供了重要的实证证据。其次，基于经济周期不同阶段的划分，检验了企业的盈利情况在经济周期波动的不同时期是否有所不同。笔者通过实证检验得出的结论：经济周期扩张期企业的利润率高于经济周期紧缩期的利润率，经济周期扩张期企业的利润率增长速度高于经济周期紧缩期的利润率增长速度。最后，分别对经济扩张期和经济紧缩期的样本进行分组分析，分别以利润率指标和利润增长率代表盈利能力，发现周期性行业对于经济周期波动对企业盈利能力所产生的影响相对于防御性行业更为敏感，具体表现为周期性行业相对于防御性行业在经济扩张期具有相对优势，在经济紧缩期具有相对劣势。

本章从周期性行业利润波动的角度，实证分析了行业周期性特征对于经济周期不同阶段中企业盈利能力变化的影响。检验结果不仅验证了周期性行业利润波动程度较大的特征,并且通过对不同经济时期的对比分析探究了周期性行业相对盈利能力变化的规律,进一步揭示了周期性行业盈利波动外在驱动因素与变化趋势。这一研究结论不仅具有学术参考价值,并且为经济活动中的企业,特别是处于周期性行业的企业了解行业运行规律与自身发展机遇提供了重要的指导意义。

第6章 周期性行业经营杠杆与财务杠杆对企业盈利能力的影响

——来自采矿业上市公司的实证研究

本书第4章和第5章分别从经营杠杆、财务杠杆与盈利性的角度实证研究了企业在不同经济周期阶段中的表现,以及周期性行业与防御性行业的区别。前两章得出的结论已验证了周期性行业相对于防御性行业不仅表现出盈利性方面较大的波动性,同时其经营杠杆与财务杠杆也具有更高的波动幅度。因此,对于周期性行业来说,了解并适当运用经营杠杆与财务杠杆的作用显得尤为重要。本章将进一步探讨在不同的经济时期,经营杠杆与财务杠杆对周期性行业企业的盈利能力产生怎样的影响。根据前面对于周期性行业的定义与描述,可得知周期性行业在周期性波动上表现出与经济周期相似的波动趋势,但每个行业的波动周期却不一定与经济周期同步。资产结构和资本结构对企业绩效的影响也因所处行业的不同而存在很大差别。基于以上原因,本章的实证研究采用特定行业为研究对象,以采矿业上市公司为例,实证研究经营杠杆与财务杠杆对企业盈利性的影响,对现有的资产结构与资本结构的研究成果做出了有益的补充。

第 6 章　周期性行业经营杠杆与财务杠杆对企业盈利能力的影响

6.1　理论分析与研究假设

企业的经营杠杆对于企业绩效的影响是一个比较有争议的话题。本书第 2 章对这方面的研究成果也进行了回顾与疏理。关于这个论题的实证研究结果有些人支持二者之间存在正向相关关系（杨远霞，2012），有些人认为二者之间具有负相关关系（Czyzewski 和 Hicks，1992；Agiomirgianakis 等，2006）。基于杠杆的基本原理，杠杆的作用是将杠杆一端所产生的作用力倍加于杠杆另一端的作用力，相差的倍数取决于力矩相差的倍数，受力端的方向也取决于起点端作用力的方向。对于经营杠杆来说，当经营杠杆系数大于 1 时，杠杆就会发生作用。此时，销售额每增加 1%，EBIT 就增加 x%；同理，销售额每降低 1%，EBIT 也会减少 x%。由此可以看出，经营杠杆对企业经营利润的影响是一把双刃剑。具有高杠杆的企业，当销售额小幅上涨时，经营利润就会大幅上升；而销售额略微下降时，经营利润也会大幅下跌。

因此，研究资产结构在企业经营中所起到的作用时，不能将各种不同经济环境下的现象混为一谈，而是需要区别有利的和不利的经济环境。以往的研究成果很少有研究考虑到经营杠杆在经济周期或行业周期的不同阶段所产生的不同效果。本书将重点考察在经济周期的不同阶段，企业的经营杠杆对绩效产生怎样的作用。

基于以上分析，当销售收入上升时，经营杠杆对经营利润会发生正向促进作用；而销售下滑时，经营杠杆会表现出负向破坏作用，因此笔者提出如下一组假设：

假设 1a：在宏观经济的扩张周期中，周期性行业的经营杠杆程度越高，经营绩效越好。

假设 1b：在宏观经济的紧缩周期中，周期性行业的经营杠杆程度越高，经营绩效越差。

同经营杠杆的原理相同，财务杠杆也是一把双刃剑。虽然对于资产负债率与企业绩效之间的关系同样存在结论相反的意见，如有人认为二者具有正相关关系（Bhandari，1988；Simerly & Li，2000；Berger & Udell，2002；洪锡熙和沈艺峰，2000；王娟和杨风林，2002；肖作平，2004；李庚寅和阳玲，2010；李传宪和朱渝，2011），有人认为二者呈负相关关系（Kester，1986；Titman & Wessels，1988；Rajan & Zingales，1995；Nikolaos，2002；陈小悦和李晨，1995；陆正飞和辛宇，1998；黄宪，2009），但也有学者（吕长江等，2006）提出财务杠杆对公司成长性具有双重影响。对于盈利的公司，财务杠杆能够促进公司的成长；对于经营业绩差的公司，财务杠杆对成长性具有抑制作用。

根据财务杠杆的原理，当总资产收益率 ROA 大于债务利息率时，财务杠杆发挥作用。当未来具有正向盈利时，财务杠杆就会发挥正向作用。此时，杠杆程度越高，就会为股东带来越多的收益；反之，当未来出现亏损时，财务杠杆就会发挥负面效应。此时，杠杆程度越高，给股东带来的损失也被放大得越多。由此可见，对于财务杠杆对企业盈利能力所产生的影响也必须区分不同的经济环境，据此笔者提出如下假设：

假设 2a：在宏观经济的扩张周期中，周期性行业的财务杠杆程度越高，经营绩效越好。

假设 2b：在宏观经济的紧缩周期中，周期性行业的财务杠杆程度越高，经营绩效越差。

6.2 研究设计

6.2.1 样本选择与数据

本章选择了 2000—2014 年间在中国 A 股市场上市的采矿业公司,并剔除了 ST、PT 等经营情况异常的公司,最终得到来自 53 家公司的 534 个观测值,并对所有连续变量采取了 1% 水平的 winsor 截尾处理,以消除极端值的影响。所有上市公司数据均来自 CSMAR 国泰安数据库。采矿业所包含的行业大类及说明见表 6.1。

表 6.1 采矿业包含的行业大类及说明

行业代码	行业名称	说明
06	煤炭开采和洗选业	指对各种煤炭的开采、洗选、分级等生产活动;不包括煤制品的生产和煤炭勘探活动
07	石油和天然气开采业	指在陆地或海洋,对天然原油、液态或气态天然气的开采,对煤矿瓦斯气(煤层气)的开采;为运输目的所进行的天然气液化和从天然气田气体中生产液化烃的活动,还包括对含沥青的页岩或油母页岩矿的开采,以及对焦油沙矿进行的同类作业
08	黑色金属矿采选业	
09	有色金属矿采选业	指对常用有色金属矿、贵金属矿以及稀有稀土金属矿的开采、选矿活动
10	非金属矿采选业	—
11	开采辅助活动	指为煤炭、石油和天然气等矿物开采提供的服务
12	其他采矿业	指对地热资源、矿泉水资源以及其他未列明的自然资源的开采,但不包括利用这些资源建立的热电厂和矿泉水厂的活动

6.2.2 变量描述

1. 关于被解释变量的说明

本章的实证分析重点要考察的是经营杠杆与财务杠杆的变动引起的盈利能力的变动情况,因此回归分析所选取的被解释变量为利润率的增长率,包括经营利润率增长率(ΔEM)、ROA 增长率(ΔROA)、ROE 增长率(ΔROE)。相关变量的界定及计算方法与第 5 章相同。

2. 关于解释变量的说明

本章的回归分析所包含的解释变量有经营杠杆增长率(ΔFR)、财务杠杆增长率(ΔDR),分别以固定资产比率增长率和资产负债率增长率来表示。

3. 关于控制变量的说明

参照第 4 章、第 5 章所选取的控制变量,本章采用了股权性质、公司规模、成长能力、自由现金流等控制变量。

本章所有变量的名称、代码、定义或描述见表 6.2。

表 6.2 变量说明

变量种类	变量代码	变量名称	变量说明
被解释变量	ΔEM	经营利润率增长率	(经营利润率本年期末值 – 经营利润率上年期末值)/经营利润率上年期末值
	ΔROA	ROA 增长率	(ROA 本年期末值 – ROA 上年期末值)/ROA 上年期末值
	ΔROE	ROE 增长率	(ROE 本年期末值 – ROE 上年期末值)/ROE 上年期末值

续表

变量种类	变量代码	变量名称	变量说明
解释变量	ΔFR	经营杠杆	固定资产比率=固定资产/资产总计
	ΔDR	财务杠杆	资产负债率=负债合计/资产总计
控制变量	State	股权性质	国有控股取1,否则取0。
	Size	公司规模	企业年末资产总计的自然对数
	Growth	成长能力	营业收入增长率=(营业收入本年金额－营业收入上年金额)/营业收入上年金额
	fcf	自由现金流	企业自由现金流/资产总计；企业自由现金流=(净利润+利息费用+非现金支出)－营运资本追加－资本性支出

6.2.3 模型设计

对于本章的两组假设的检验，我们建立了以下回归模型：

$$\Delta Per_i = \beta_0 + \beta_1 \Delta FR + \beta_2 \Delta DR + \beta_3 State + \beta_4 Shrcr \\ + \beta_5 Size + \beta_6 Growth + \beta_7 fcf + \varepsilon \qquad (6.1)$$

ΔPer_i 是代表经营利润率增长率、ROA 增长率、ROE 增长率等反映利润增长情况的指标。

如果假设 1a 成立，那么以经济扩张期的观测值为样本进行回归的结果中应显示系数 β_1 显著为正。

如果假设 1b 成立，那么以经济紧缩期的观测值为样本进行回归的结果中应显示系数 β_1 显著为负。

类似地，如果假设 2a 成立，那么以经济扩张期的观测值为样本进行回归的结果中应显示系数 β_2 显著为正。

如果假设 2b 成立，那么以经济紧缩期的观测值为样本进行回归的结果中应显示系数 β_2 显著为负。

为了判断模型适合于固定效应模型还是随机效应模型，还进行了 Hausman 检验。检验结果拒绝了随机效应模型，所以对于模型（6.1）将采用固定效应进行回归。

6.3 实证检验

6.3.1 描述性统计

本书第 4 章、第 5 章对于大样本数据的检验已发现，企业的财务特征在经济周期的不同阶段具有显著不同的差别。本章单独对一个周期性行业——采矿业进行研究，表 6.3 提供了不同经济时期该行业的盈利指标及增长情况的数据。第 4 章对于经营杠杆与财务杠杆指标的 t 检验结果表明，对整体样本而言，经济扩张期的经营杠杆水平和财务杠杆水平都显著高于经济紧缩期；而对于周期性行业的样本进行检验则发现周期性行业的经营杠杆在经济扩张期显著高于经济紧缩期，而财务杠杆在不同时期却没有显著差异。表 6.3 对于采矿业固定资产比率与资产负债率的 t 检验表现出与周期性行业整体的检验结果相一致的特征，即经营杠杆在经济扩张期显著高于经济紧缩期，而财务杠杆却不存在显著差异。说明当宏观经济上行时，采矿业的企业对固定资产投入加大了力度；在宏观经济萎缩时，则缩减了对于固定资产的投入。

第 5 章对于企业盈利性的描述性统计表明，经济扩张期企业的盈利性指标

第6章 周期性行业经营杠杆与财务杠杆对企业盈利能力的影响

整体上显著高于经济收缩期的盈利指标。周期性行业表现得尤为明显，三个利润率指标均表现出 1% 水平的显著差异，而防御性行业则只有部分指标具有显著差异。表 6.3 对采矿业不同经济时期的盈利能力进行对比分析的结果表明，采矿业在利润率水平的波动性上与周期性行业整体的趋势一致，即经济扩张期各项利润率指标均显著高于经济紧缩期。

对采矿业主要财务指标在不同时期的对比分析表明，采矿业与采用大样本数据进行描述的周期性行业的特征非常相似。也可以说，该行业具有较为明显的周期性行业财务特征，可以作为周期性行业代表性的研究对象。

表 6.3 不同经济时期采矿业的盈利指标及增长情况

财务指标	经济扩张期	经济紧缩期	差异	t 值	p 值
固定资产比率	35.5%	31.8%	3.7%	2.645***	0.0084
资产负债率	43.4%	43.0%	0.4%	0.330***	0.7413
经营利润率	0.157	0.129	0.028	2.967***	0.0032
ROA	0.076	0.054	0.022	4.430***	0.0000
ROE	0.131	0.093	0.038	4.460***	0.0000
固定资产比率增长率	4.9%	5.5%	−0.6%	−0.171***	0.8645
资产负债率增长率	6.9%	7.3%	−0.4%	−0.178***	0.8591
经营利润率增长率	−7.1%	−13.9%	6.8%	0.779***	0.4362
ROA 增长率	0.8%	−48.6%	49.4%	2.869***	0.0043

注：*** 表示在 1% 水平上显著。

6.3.2 回归分析

本章试图以一个周期性行业为代表考察经济周期对经营杠杆、财务杠杆与企业盈利能力之间的关系所产生的影响。然而，根据笔者的理论分析与假设，经济周期对于经营杠杆与财务杠杆的作用影响并非强化或弱化的作用，而是在不同阶段具有反向的影响作用，因此需要对不同经济时期的样本进行分组分析。

笔者对于模型（6.1）分别采用了两组样本（来自经济扩张期的观察值与来自经济紧缩期的观察值）进行了回归分析，采用了固定效应模型，其结果见表6.4。其中，表6.4（1）~表6.4（3）列为经济扩张期的检验结果，表6.4（4）~表6.4（6）列为经济紧缩期的检验结果。每组样本中分别对三个被解释变量（ΔEM、ΔROA 和 ΔROE）进行了三次回归。表6.4（1）~表6.4（3）列对于经济扩张期的观察值进行实证检验的结果表明，固定资产比率与企业盈利能力具有同向的变动关系，主要体现为经营利润率增长率和 ROA 增长率都与固定资产比率增长率具有显著的正相关关系。表6.4（4）~表6.4（6）则验证了在经济紧缩期，固定资产比率的变化与利润率的变化呈现负相关关系。这说明在经济紧缩期，固定资产投资的增加会降低企业绩效。假设1a、假设1b得到验证。

表6.4（1）~表6.4（3）ΔDR 的回归系数显示，在经济周期的扩张期，财务杠杆的变化带来企业绩效的正向变动，虽然检验结果显著性水平不高，仅对 ΔROE 的解释在 10% 的水平上显著，假设2a得到了较为微弱的证明。同时，这个结果也说明财务杠杆对于企业绩效的作用主要表现为对净利润的调节作用。虽然在经济扩张期财务杠杆的变动与企业绩效的变动之间的正相关性不是十分明显，但与表6.4（4）~表6.4（6）列的检验结果却形成了非常鲜明的对比。在经济紧缩期观察值的回归分析结果中，ΔDR 的系数全部变为负数，对于三个被解释变量都表现出 1% 水平的显著性，说明财务杠杆的变化对于利润率的变化具有十分显著的负相关关系，假设2b得到了有力的证明。

第6章 周期性行业经营杠杆与财务杠杆对企业盈利能力的影响

表6.4 不同经济时期经营杠杆与财务杠杆的变化对企业盈利能力的影响

解释变量	经济扩张期			经济收缩期		
	（1）	（2）	（3）	（4）	（5）	（6）
	ΔEM	ΔROA	ΔROE	ΔEM	ΔROA	ΔROE
ΔFR	0.309*	1.578***	0.224	0.085	−0.167**	−0.139*
	（1.750）	（4.226）	（0.550）	（0.484）	（−1.978）	（−1.67）
ΔDR	0.371	0.662	0.995*	−0.808***	−3.465***	−3.703***
	（1.187）	（1.096）	（1.796）	（−2.786）	（−5.875）	（−5.794）
State	−0.038	0.042	−0.217	0.759	−9.304***	−9.021***
	（−0.107）	（0.058）	（−0.328）	（0.791）	（−6.661）	（−5.960）
Size	0.068	0.000	−0.066	−0.242**	−0.394*	−0.407*
	（0.756）	（0.001）	（−0.400）	（−2.183）	（−1.895）	（−1.805）
Growth	−0.405*	−0.183	−0.158	0.274	1.152***	1.236***
	（−1.830）	（−0.404）	（−0.381）	（1.343）	（3.035）	（3.004）
fcf	−0.267	−4.098***	−1.957	1.269	0.805	0.110
	（−0.340）	（−2.651）	（−1.333）	（1.575）	（0.514）	（0.065）
Constant	−1.434	0.025	1.694	4.892*	15.937***	16.028***
	（−0.679）	（0.006）	（0.434）	（1.752）	（3.095）	（2.873）
Observations	182	179	178	209	194	194
R-squared	0.054	0.135	0.040	0.120	0.447	0.421
Number of Stkcd	44	41	41	51	50	50

注：（1）***、**和*分别表示在1%、5%和10%水平上显著。（2）括号内为相应的 t 值或 z 值。（3）被解释变量和解释变量分别进行了1%水平的winsorize处理。

6.4 结论与政策性建议

在一些传统财务管理的教材中,有人把经营杠杆与财务杠杆视为反映企业经营风险的指标,认为经营杠杆越高,销售收入不足以支付固定成本的风险就越大;财务杠杆越高,企业不能偿还负债从而导致破产的风险也越大。他们还认为经营杠杆与财务杠杆越低,企业的经营风险就越小,因此应当尽量规避对于杠杆的使用。但本章的分析结果对这一观点提出了强烈的质疑。

通过对采矿业这一典型的周期性行业进行实证分析,可以看到杠杆并不是任何时候都会为企业带来风险和负面影响。当市场低迷时(经济紧缩期),企业面临销售额下降的风险,经营杠杆的提高确实会导致经营利润增长率的下滑;但当市场回暖(经济扩张期),销售增长,经营杠杆的存在也会使销售额的小幅上升从而带来经营利润的大幅上升,所以经营杠杆并不总是与企业的经营风险紧密联系,也并不是说经营杠杆越低越好。如果能够准确地判断出市场的走向,利用杠杆效应撬动经营利润的倍增,那么经营杠杆就会成为企业业绩暴涨的有力武器。

同样,财务杠杆的存在虽然为企业带来很大的资金风险,并且在业绩下滑时会带来巨大的负面作用,但它同时也是经营利润的上涨撬动企业价值提升的关键枢纽。当市场迎来一波上涨的机会,企业如能适当合理地利用财务杠杆,抓住产业机会,对企业或投资者来说就是促使其企业价值迅速提高的难得时机。

对于经营杠杆与财务杠杆的重要作用,可以这样概括:启动经营杠杆的枢纽是销售额,启动财务杠杆的枢纽是经营利润。杠杆的传递效应对企业的影响

第6章　周期性行业经营杠杆与财务杠杆对企业盈利能力的影响

是正面的还是负面的，取决于预计的销售收入未来的变化方向。正如前面所讨论的，如果预计今后销售收入将上涨，那么高杠杆是合适的；如果企业的销售在萎缩，那么只要存在系数大于1的杠杆，销售额的减少就会导致每股收益更大幅度下降。明白了这个道理，企业管理者在制定财务策略时必须结合宏观经济环境与行业发展机遇，通过合理安排资产结构与资本结构，选择在有利的机会适度投资、举债以借助杠杆的作用使企业发展壮大；在不利的时机规避高杠杆所带来的不利影响。

本章的假设在周期性行业的代表行业——采矿业中得以验证，说明对于杠杆的作用在经营状况波动较大的周期性行业尤其需要重视。一来周期性行业由于生产经营特点而具有高资产比率、高负债比率的特点；二来周期性行业的利润波动较为剧烈，这些都决定了杠杆将对周期性行业的发展起到较为强烈的助涨助跌的作用。因此当一个企业处于周期性行业中，企业的管理者需要特别注意经济环境的变化趋势并据此调整自己的投资策略与融资策略。当行业拐点即将来临时，管理者需要提前做出预判，为即将发生的转变进行储备。

比如，当行业处于最繁荣的时期，产能扩张、新项目上马的消息铺天盖地而来，很可能预示着行业即将由繁荣期转入衰退期，之后销售收入将会下滑，而杠杆也将发生负面效应。那么，此时企业经营者就应当采取紧缩的财务策略：卖掉固定资产以提高变现能力、还掉负债以降低破产风险。处置资产能够降低经营杠杆，并获得一定现金流；还掉负债会使财务杠杆下降，也就是减少企业所需支付的利息，可以说是一箭双雕的财务策略。

反之，当一个行业在萧条中逐渐迎来行业发展曲线的底部，敏锐的企业领导者应当看到行业的冬天即将过去。如果一个企业在上一个转折点成功的执行了收缩战略，那么此时该企业的车间应当已留出空间添置新设备；企业的账户已预留出大量现金伺机购买资产。而失策的对手则很可能既没有空间也没有资金添置新设备。此时企业要采取的策略与繁荣至衰退的拐点时期恰为相反,此时企业应当做的是:举债(提高财务杠杆)筹集资金、购买设备(提高经营杠杆)扩大产能。

第7章 中国远洋杠杆特征与盈利波动性分析

本章以中国远洋为例,对周期性行业中高杠杆的企业在经济周期不同阶段的盈利波动性进行具体分析,通过案例分析来阐述资产结构与资本结构在不同经济时期对企业经营业绩所产生的杠杆效应。

7.1 行业分析

7.1.1 航运业简介

航运业作为我国经济的基础产业,不仅是交通运输行业的重要组成部分,而且是国民经济和国防现代化建设的战略性产业。航运业产生于经济贸易发展的派生需求,因此航运业的发展与全球经济和贸易发展变化趋势紧密相关。受世界经济周期波动影响,航运业的周期性波动十分明显。

在当前全球经济一体化进程中，各国对于航运业特别是远洋运输业的依赖程度不断加深。航运业的经营范围决定了整个行业需求规模受到经济周期波动的极大影响。进入21世纪以来，我国开始步入重工业化时代。我国十三亿人口向工业化和城镇化进军的道路上日益面临资源短缺问题。虽然我国地大物博、资源丰富，但由于人口众多，我国早已成为石油、铁矿石和煤炭等重要能源和资源的净进口国，中国铁矿石、煤炭占全球海运贸易量的比重增长迅速。我国未来对能源和资源的需求决定了中国经济发展对我国及世界航运市场将产生重大的影响。

7.1.2 航运业特点

总体而言，航运业在经营上具有很大的不确定性。比如，每次运输的航行路线、船期、运费和挂靠的港口都要视货主的合约而定，因而往往是不固定的。总结起来，航运业主要具有以下特点。

1. 服务同质性与市场的完全竞争性

对于航运业尤其是在航运业内占主导地位的远洋运输业来说，其主要运输货物为大宗干散货运输。这类货物对船舶性能、运输速度等要求不高，不同运输公司所提供的服务具有较高的同质性，因此运费成为决定其需求的主要因素。航运业市场的买方主要是煤炭、铁矿石等干散货大货主，而市场的卖方则是运力较为分散的航运公司。这样的市场结构和竞争模式决定了航运业市场处于较为完全的竞争市场。即使是中国远洋这样拥有全球第一大干散货运力的航运公司，也难以有效地主导某条航线或某个细分市场。

2. 派生性和周期性

对于航运业的需求主要来自于全球贸易的衍生需求，因此航运业发展与世界经济发展密切相关，世界经济贸易和货物交换需求的兴衰导致航运市场供需关系的平衡变化，是形成行业周期性波动的主要诱因。贸易市场上的交易需求对于航运业的传导性十分明显。比如，贸易市场不景气，航运业的货运需求就会骤减。另外，航运业由于造船周期长，动力很难迅速调整，决定了该行业的供给弹性较小，无法灵活有效地调整运力供给。需求的高弹性和供给的低弹性正是周期性行业的显著特征，二者的结合导致市场价格的暴涨暴跌，给航运公司带来很大的影响。由于全球贸易的变化趋势也与宏观经济周期走势十分接近，而世界经济发展具有强烈的周期性，因而航运业市场需求也具有明显的周期性。

7.1.3 航运业景气指数与波动周期

航运业的发展趋势与波动周期可以用航运市场价格指数来反映。航运指数是指某一时点或时段的航运市场价格与基准航运市场价格的比值。目前，国际航运市场最具代表性的运价指数是波罗的海干散货指数（Baltic Dry Index，BDI）。BDI 起源于伦敦波罗的海航运交易所于 1985 年发布的国际航运指数（Baltic Freight Index，BFI）。目前，BDI 不仅成为国际干散货航运运价市场上最具代表性的指标，而且成为整个航运市场乃至世界经济发展的晴雨表指标。

图 7.1 反映了 2000—2014 年 BDI 的变化情况。BDI 近年来的走势反映出航运价格的大幅波动，并且这种变化趋势与经济发展周期具有高度同步性。比如，

2007年全球经济蓬勃发展之际,以BDI为代表的国际航运市场运费也快速攀升,并于2008年上半年达到巅峰时刻,形成了这一阶段的历史高位。其后,伴随着全球金融危机的爆发与蔓延,航运指数急剧下跌,并且在随后几年的经济萧条期长期处于低位徘徊。

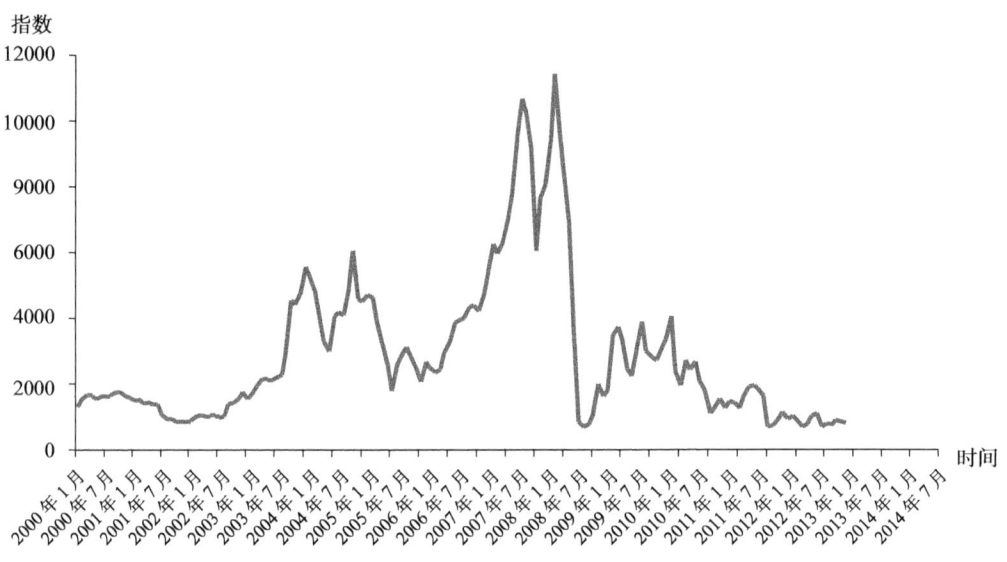

图7.1　2000—2014年波罗的海干散货指数(BDI)走势图

7.2　中国远洋的基本情况

7.2.1　公司主营业务介绍

第 7 章　中国远洋杠杆特征与盈利波动性分析

中国远洋是中国远洋运输（集团）总公司下属的六家上市公司之一，并被定位为中远集团的资本旗舰。2007 年，中国远洋于上海证券交易所上市。借力于近年来世界贸易的繁荣，中国远洋打造了世界级航运规模，与众多跨国航运企业角逐海上霸主地位，其业务范围涵盖了整个航运价值链的集装箱航运、干散货航运、码头及集装箱租赁服务。其中，集装箱运输和干散货运输是中国远洋的主营业务，占公司营业收入的 80% 以上。公司各项主营业务的营业利润率如表 7.1 所示，图 7.2 的柱状图展示了各项业务占营业收入的比例。

表 7.1　中国远洋各项主营业务的营业利润率

主营业务	2007 年	2008 年	2009 年	2010 年	2011 年	2012 年	2013 年	2014 年
集装箱航运及相关业务	9.40%	6.70%	−24.12%	14.44%	−10.13%	0.56%	−1.04%	6.72%
干散货航运及相关业务	39.60%	32.41%	4.70%	16.93%	−11.71%	−27.93%	−11.58%	−5.72%
集装箱码头及相关业务	51.60%	48.76%	31.52%	22.45%	35.22%	35.47%	32.84%	35.44%
集装箱租赁	47.90%	53.57%	50.10%	50.47%	54.74%	53.95%	49.94%	39.97%

数据来源：中国远洋 2007—2014 年年报。

由表 7.1 可以看到，各项主营业务之间的营业利润率差距悬殊。其中，集装箱码头、集装箱租赁两项业务的营业利润率相当可观，年度营业利润一般都在 30% 以上。更难得的是，这两项业务在经济衰退期仍能保持较为平稳的收益率，而没有出现剧烈的收益率下滑。遗憾的是，这两项业务虽然利润率可观，但如图 7.2 所呈现的，他们在中国远洋的业务结构中所占比例极低，并非公司的主要收入来源。而真正在营业收入总额中占据重要地位的集装箱航运和干散货航运业务由于受经济萎靡、贸易萎缩的影响较大,近年来利润率呈现不断下滑的趋势,并且多次大幅亏损,因此导致了公司整体盈利能力连续下降,并出现了巨额亏损,而集装箱、干散货运输正是航运业的代表性产业,与经济总体的兴衰变化关系极为密切。2008年的全球金融危机导致了全球经济步入衰退期,并且在此后很长一段时间内未能有大幅度、持续性的改善。中国远洋2008年之后连续几年惨淡的经营业绩正是经济危机背景下航运业的真实写照,而航运业的整体低迷则体现出宏观经济周期对周期性行业的深刻影响。

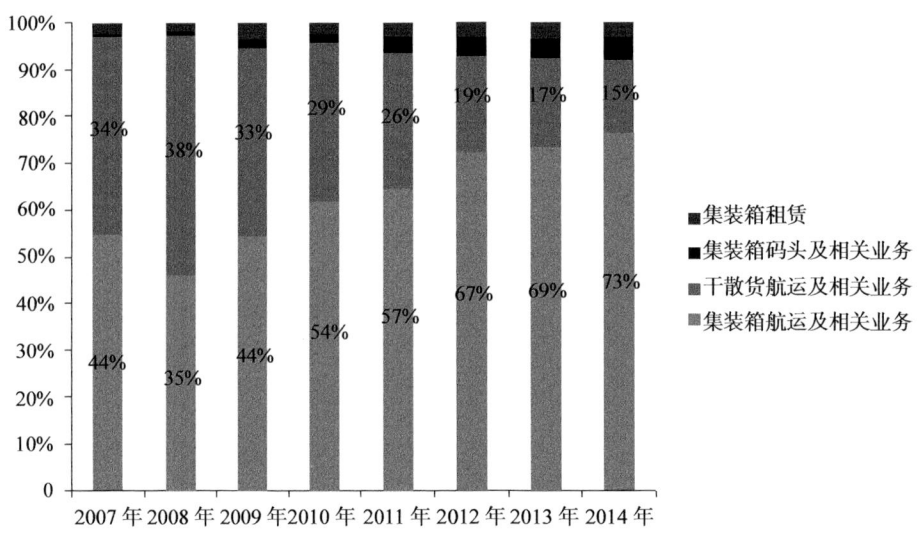

图 7.2　中国远洋各项主营业务的营业收入占比

数据来源:中国远洋 2007—2014 年年报。

7.2.2　公司船舶持有情况

我们知道,航运业属于重资产、供给刚性的周期性行业。那么航运业的资产投资主要用于哪些资产呢？显而易见，造价不菲、生产周期较长的运输船只是其最重要的固定资产投入。航运公司的运输船只一方面体现了其运输能力，是能为企业带来生产能力与营业收入的重要资产；另一方面，由于其耗资巨大且生产周期长，也带来了巨大的资产占用，因而在市场需求不振、运力饱和时又将成为占用企业资金的闲置资产，为企业带来巨大的财务压力。这也正是经营杠杆的双重作用。因此，对固定资产的投入并不存在一个静止的、不变的最佳规模。要想让经营杠杆发挥积极的作用，就应当审时度势、顺势而为。当预见到市场需求上涨，应当加大对固定资产的投入，以更多的产能去迎接市场的扩张；反之，当预期市场容量将下滑，就应当迅速处置多余固定资产，减少闲置资产对资金的占用，保持较强的现金流的流动性，以应对短期财务压力。只要懂得经营杠杆的原理，这样的财务战略并不难理解。但是，由于造船的时滞性较强，所以要想准确地把握市场机会、避免市场风险，还需要具有十分前瞻性的预判能力，而这一点对企业管理者的能力与素质提出了很高的要求，很多企业未能在市场剧变时及时调整方向，正是沦陷于管理者的判断错误或过于后知后觉。

那么中国远洋对于其主要经营性固定资产——运输船舶采取了怎样的投资安排呢？表 7.2 汇总了中国远洋近年来干散货自有船舶和租用船舶的数量。2007 年全球经济强劲增长，经济繁荣带动了国际航运市场需求量的爆发式增长，并直接导致了运费的高涨。由图 7.1 的 BDI 走势图可以看出，2007 年国际航运市场运费正处于不断攀升的历史高位。同时，一些中国公司大举进军海外市场，这对中国的航运业发展似乎也是一个重大利好。因此，当时中国远洋的高管认为航运市场未来几年将会大有发展。为了应对预想中的运力需求上涨的局面，中国远洋高管在 2007 年采取了几大措施提高运力，包括向其他造船企业签订造船合同、自己开办船厂造船、与船舶租赁公司签订高额长期租约等。中国远洋2007年度报告中可以读到这样一段话:"为适应市场需求快速增长的需要,公司继续积极推进运力升级,于2007年订造、订租37艘各型集装箱船舶,运力合计265626标准箱,这些船舶将于2009年至2012年之间交付。截至2007年年底,经营船队包括144艘集装箱船舶,运力达435138标准箱,较2006年底增加9%。"

然而,令中国远洋的管理层意想不到的是,航运业的火爆行情仅持续到2008年上半年。之后,受全球经济放缓、航运业新投入运力集中释放等诸多不利因素的影响,航运市场严重供过于求,BDI运费指数一落千里,整个航运业陷入需求不足与运费低廉的双重困境。但是,2007年在行情火爆的刺激下大张旗鼓投入的预定船只在后续几年才陆续完工交付,导致中国远洋在市场下滑时非但没能减少自有船只的投入,反而被迫增加新船的达产。从表7.2我们可以看到,2008年之后租入船舶的总数在稳步下降,这说明企业管理层那时早已认识到行业低迷、运力过剩的现状,因此做出了减少租入船只的决策。有些长期租船的合约提前解约虽然需要付出一定的违约金成本,但至少可以减轻长期资本投入所形成的资金压力以及运力过剩、资产闲置等问题。与之形成鲜明对比的是,公司自有船舶在此期间却有增无减。这很可能是由于2007年的扩张决策所带来的滞后效果。而由前面的分析已知,在经济下滑周期中,对于资产结构正确的应对策略是降低固定资产规模、增加资产的流动性,但在中国远洋对于自有船舶的持有情况上可以看到的是,该公司对于固定资产的投资行为恰为反其道而行之。这样的失误客观上是由于造船工业自身较长的时滞性所造成,主观上则要归咎于管理者方面判断失误,在本该减速收缩的时点却大力扩张、加速前进。

表7.2 中国远洋干散货船舶拥有数量

统计单位	2007年	2008年	2009年	2010年	2011年	2012年	2013年	2014年
自有船（艘）	202	210	222	228	233	233	—	174
租入船（艘）	217	223	217	222	141	99	—	81
拥有船合计（艘）	419	443	439	450	374	332	319	255
自有船运力（载重吨）	12884916	13908462	16544640	17888600	19154912	—	—	16222200
租入船运力（载重吨）	20096544	20452543	20027391	20667600	14642067	—	—	7145200
运力合计（载重吨）	32981460	34361005	36572031	38556200	33796979	30073395	28048500	23367400

资料来源：中国远洋2007—2014年年报。

7.3 中国远洋的财务数据分析

7.3.1 主要财务指标

表7.3为中国远洋自2007年上市以来的主要财务指标。为了更清楚地展示财务数据所反映的经营业绩的变动趋势，笔者将该表的主要财务数据描绘成柱状图的形式，见图7.3。

表 7.3　中国远洋主要财务指标

年份	总资产（亿元）	总负债（亿元）	营业收入（亿元）	营业利润（亿元）	利润总额（亿元）	净利润（亿元）	EPS	固定资产比率	资产负债率
2007	1137	596.5	938.8	208.5	242.3	254.1	2.04	32.3%	52.5%
2008	1168	556.4	1150	119.3	196.1	148.8	1.17	36.4%	47.7%
2009	1386	852.3	557.3	−67.4	−56.6	−63.1	−0.66	36.2%	61.5%
2010	1509	886.5	805.8	79.9	98.9	91.9	0.78	38.0%	58.8%
2011	1574	1073	689.1	−88.4	−68.1	−78.1	−0.87	39.1%	68.1%
2012	1652	1235	720.6	−81.4	−60.1	−74.0	−0.80	41.9%	74.8%
2013	1619	1198	619.3	28.8	43.9	37.4	0.28	46.1%	74.0%
2014	1488	1059	643.7	15.5	0.1	5.1	0.15	51.0%	71.1%

资料来源：中国远洋 2007—2014 年年报。

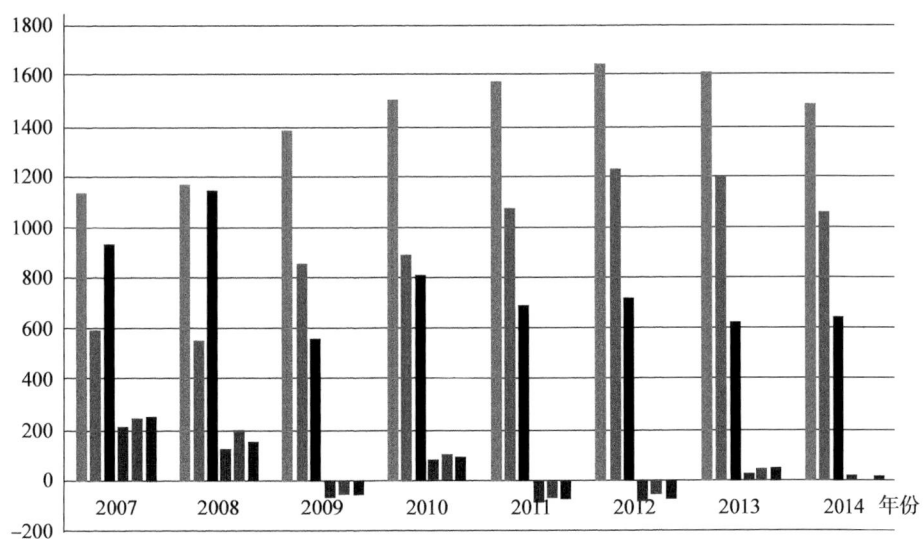

图 7.3　中国远洋主要财务指标

资料来源：中国远洋 2007—2014 年年报。

由表 7.3 和图 7.3 能够明显看出企业的主要经营指标的变化情况。以总资产代表的企业规模在 2007—2014 年之间整体上呈现上升趋势，但在 2013 年之后进行了小幅度的下调。然而，营业收入却没有保持与资产规模同步增长的趋势。尤为明显的是，继 2007 年、2008 年的高额收入之后，2009 年之后直至 2014 年销售收入大幅缩减，其间仅有 2010 年出现过短暂的回升。

更为严峻的是，企业的利润（以经营利润、利润总额和净利润等指标来衡量）在 2008 年之后不仅大幅下滑，更是出现了三年的巨亏。以净利润来衡量，2009 年、2011 年、2012 年分别亏损 67 亿元、88 亿元、81 亿元，并于 2011 年、2012 年蝉联 A 股上市公司亏损第一，而在经济形势高度繁荣的 2007 年，公司的净利润曾高达 200 多亿元。由于 2011 年和 2012 年的连续亏损，中国远洋在 2013 年被更名为 *ST 远洋。2013 年中国远洋通过变卖优质资产，艰难地逃过了退市的命运。

从巨额盈利到巨额亏损，除了经济大环境及航运业不景气引起的需求急剧缩减的原因之外，企业自身的财务策略是否也起到了推波助澜的作用呢？从表 7.3 可以看出，以固定资产比率和资产负债率反映的经营杠杆和财务杠杆始终居高不下，并且具有稳步上升的趋势。这意味着在企业的经营过程中经营杠杆与财务杠杆发挥了巨大的作用。回顾一下本书第 3 章所介绍的经营杠杆和财务杠杆的作用与原理：经营杠杆的存在放大了营业收入的变化率所引起的营业利润的变化率；财务杠杆的存在放大了营业利润的变化率所引起的每股收益的变化率。这也就不难理解为何当中国远洋的营业收入出现小幅波动时，公司的经营利润和净利润都出现了极为剧烈的大幅摇摆。所谓"成也萧何，败也萧何"，杠杆的双刃剑作用在中国远洋的案例中得到了非常全面的诠释。

7.3.2　主要利润率指标

前一小节的公司财务数据反映了公司各年度的总体利润情况,但利润的绝对值并不能准确地反映一个公司的盈利能力。因此,笔者根据中国远洋财务报表中的财务数据,通过计算,得出了分别以经营利润率、总资产收益率、净资产收益率为代表的每一年度的利润率指标,并将其汇总于表7.4。图7.4对各指标的走势情况加以展示。

表7.4　中国远洋主要利润率指标

年份	营业利润率	ROA	ROE
2007	25.8%	18.3%	38.6%
2008	17.1%	10.2%	19.5%
2009	−10.2%	−4.9%	−12.6%
2010	12.3%	5.3%	12.8%
2011	−9.9%	−5.6%	−17.6%
2012	−8.3%	−4.9%	−19.5%
2013	7.1%	1.8%	6.8%
2014	0.0%	1.0%	3.6%

资料来源:中国远洋2007—2014年年报。

由表7.4和图7.4可以看到,中国远洋在2007—2014年这一期间的盈利情况表现出较大幅度的波动,总体上呈现出震荡下滑的趋势,包括经营利润率、总资产收益率、净资产收益率等的各项盈利指标在2007—2012年间基本上保持一路下跌的趋势,只有2010年出现过短暂的抬头。

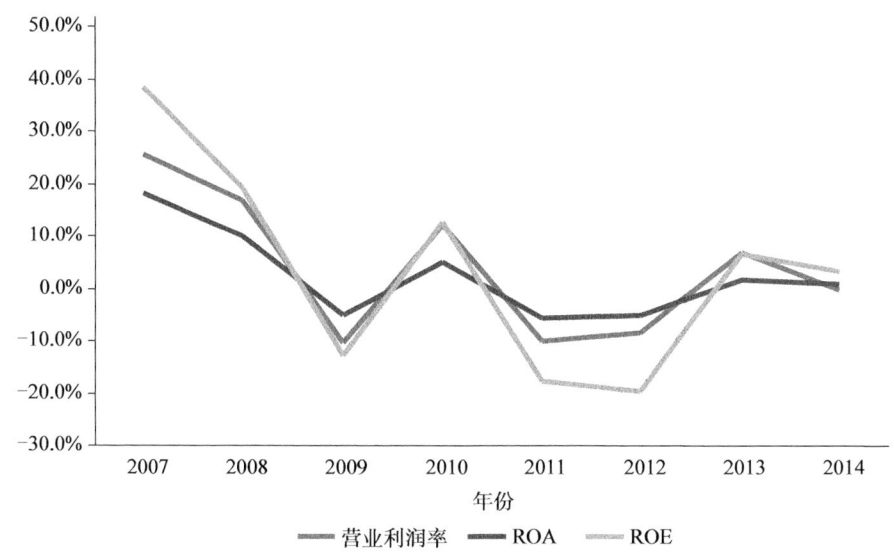

图 7.4 中国远洋主要利润率指标

资料来源：中国远洋 2007—2014 年年报。

7.3.3 经营杠杆与财务杠杆对企业绩效的影响

表 7.3 中的固定资产比率与资产负债率指标显示，在 2007 年经济危机爆发之后，中国远洋并没有（或者说无法做到）削减固定资产规模、降低负债比率，因此始终背负着较高的经营杠杆和财务杠杆。这样的财务安排对企业的绩效会有怎样的影响呢？理论上说，当市场繁荣、销售增长时，对企业价值会产生正向的刺激作用；市场走低、销售下滑时，会对企业价值产生负向的影响。表 7.5 反映了中国远洋几个主要的利润指标及其增长率情况。

表 7.5　中国远洋主要利润指标及其增长率

年份	营业收入（亿元）	营业利润（亿元）	净利润（亿元）	营业收入增长率	营业利润增长率	净利润增长率
2006	637.4	89.6	87.4			
2007	938.8	242.3	208.5	47.3%	170.4%	138.6%
2008	1150	119.3	148.8	22.5%	−50.8%	−28.6%
2009	557.3	−67.4	−63.1	−51.5%	−156.5%	−142.4%
2010	805.8	79.9	91.9	44.6%	−218.7%	−245.5%
2011	689.1	−88.4	−78.1	−14.5%	−210.6%	−185.0%
2012	720.6	−81.4	−74.0	4.6%	−7.9%	−5.3%
2013	619.3	28.8	37.4	−14.1%	−135.4%	−150.6%
2014	643.7	15.5	5.1	3.9%	−46.1%	−86.5%

资料来源：中国远洋 2007—2014 年年报。

从表 7.5 反映出的营业收入和营业利润之间的变化关系可以看出，营业收入的变化和营业利润的变化基本上呈现同向的变化，并且当营业收入小幅变化时，营业利润产生了大幅波动。这显现了经营杠杆助涨助跌的作用。但需要说明的是，经营杠杆对于营业收入对经营利润所产生的杠杆作用并不是影响经营利润变化的唯一因素。同样，经营利润的变动所引起的每股收益的变动也不是仅仅由财务杠杆所支配。比如，经营利润与净利润之间还有税收、营业外利润等项目的调节作用。因此，表 7.5 中的三个变量的增长率之间的变化关系并不是纯粹地对于经营杠杆与财务杠杆作用的反映。

7.4 结论与建议

事实上,中国远洋这样的局面是完全可以预见到的。2006年、2007年远洋运输业蒸蒸日上、中国远洋如日中天。此时,很容易做出这样一个判断,在航运业丰厚利润的吸引下,全世界的远洋运输公司一定会大力扩张,增加运力。而业外的企业也一定会不遗余力的蜂拥而入。自然界有"日中则昃,月满则亏"的现象,经济现象又何尝不是如此。当一个行业迅速成长起来,发展到巅峰时刻,很自然地就会即将面临行业拐点的到来。这是由于业内外企业的盲目扩张导致供给迅速上升,供需平衡关系的转变带来价格的不断下跌,直至跌至经营者的价格底限,也就是与单位变动成本相近的价位才会不再继续下跌。此时,行业面临洗牌,经过一些产能的淘汰,行业才能重新迸发出生机。

因此,在远洋运输业2006年、2007年已连续两年利润高涨的情况下,处于这个行业的公司一定要警惕,接下来整个行业的高额利润很可能难以为继。此时,有远见的管理者应当未雨绸缪,提前为迎接寒冬做好储备。当下正确的策略是不仅不要再买船、造船增加运力,而且应当尽量卖掉已有船舶。为了应对短期运力不足的情况,可以以售后回租的形式租船提供短期运力,即使短租的价格较高。而且,对于公司向外出租的船舶最好签订长期租约锁定租期与租金。这些措施一方面可以减少固定资产规模,降低经营杠杆;另一方面固定资产变现所得的现金或流动资产可以用来偿还债务,降低财务杠杆。这些措施是应对行业即将进入萧条期的正确的财务策略。再来反观中国远洋当时的投资策略,却完全是反其道而行之。在航运业一片火爆的经济形势下,公司管理层似乎认为利润的大幅增长会一直保持惯性持续下去。在这种错误的战略判断引导下，公司不仅上马造了很多新船，并且签订长期租约租了一批船。对于中国远洋后来几年的严重亏损，可以说当时的大力扩张战略难辞其咎。

由于航运业固定资产规模巨大、固定资产达产期较长，很多订单需要几年的时间才能达产，因而改变航运业固定资产的规模绝非一朝一夕间就能够完成的。对这类企业来说，提前预判市场形势，根据市场需求部署未来的投资计划显得尤为必要。这也是所有周期性行业所面临的共同处境。相对于整体经济周期的波动，周期性行业盈利水平的波动会更加跌宕起伏。而防御性行业平均盈利水平则比整体经济曲线更加平缓。如果企业家明白自己处在周期性行业中，就会知道在高峰期要特别小心，而在底部时要特别进取。如果能够在行业拐点到来时适时地把握了机会，就会把竞争对手远远抛在后面。

第8章 结论与政策性建议

8.1 结论

关于周期性行业的特点及财务管理战略,很多人从经验出发,总结了一些理论上的认识。但很少有人从企业经验数据的角度对周期性行业进行实证研究,周期性行业具有怎样的变动趋势?经济周期对周期性行业会产生哪些影响?为应对这些剧烈的波动,企业管理者采取了怎样的策略?这些财务策略的经济后果如何?为回答以上这些问题,本书结合宏观经济因素、行业特征因素与企业财务特征,从实证的角度来研究周期性行业的经营杠杆与财务杠杆效应。

本书的实证研究包括以下三个相互关联的子命题:经济周期、行业周期性对于企业杠杆特征的影响(第4章);经济周期、行业周期性对企业盈利性的影响(第5章);周期性行业企业的杠杆特征对于企业盈利性的影响(第6章、第7章)。这些研究不仅为人们对于周期性行业的经验性认识提供了有力的实证依据,并且对周期性行业几个方面的特征做出了总结。本书的研究结论简要概括如下。

8.1.1 经济周期、行业周期性对企业杠杆特征的影响

（1）对周期性行业的资产结构与资本结构的实证研究发现，周期性行业的固定资产比率和资产负债率显著高于防御性行业，从而证明了人们从经验出发，认为周期性行业具有较高的杠杆的认识是正确的；同时，周期性行业与防御性行业在公司层面的其他特征上也存在一些显著差异，如周期性行业具有更大的企业规模，更高的成长性，更多的来自国有企业，更高的股权集中度等。

（2）经济环境对企业的经营杠杆与财务杠杆具有一定的影响。对上市公司的实证检验发现，在经济周期的上升期中，企业会提高经营杠杆和财务杠杆；在经济周期的下降期中，企业会降低经营杠杆和财务杠杆。这说明企业管理者会根据经济环境的变化来合理地动态调整企业的资产结构和资本结构，以充分利用杠杆的正面效应，降低不利影响。也可以说，企业管理者在财务战略管理上存在择时行为，并且企业对于资本结构目标的管理符合权衡理论的解释。

（3）对经营杠杆和财务杠杆的波动程度进行回归分析，结果发现周期性行业的经营杠杆和财务杠杆比防御性行业具有更大幅度的波动性。进一步引入经济周期与行业周期性的交乘项进行检验的结果显示：周期性行业受经济周期影响对经营杠杆与财务杠杆的调整幅度较防御性行业更为显著。

8.1.2 经济周期、行业周期性对企业盈利性的影响

（1）通过对周期性行业盈利能力的实证检验发现，周期性行业利润率的波动性比防御性行业更为强烈。这一点为人们对周期性行业的经验认识提供了重要的实证证据，即周期性行业的确具有利润波动幅度相对较大的特点。

（2）基于经济周期不同阶段的划分，检验了企业的盈利情况在经济周期波动的不同时期是否有所不同。实证检验得出这样的结论：经济周期扩张期企业的利润率高于经济周期紧缩期的利润率，经济周期扩张期企业的利润率增长速度高于经济周期紧缩期的利润率增长速度。

（3）分别对经济扩张期和经济紧缩期的样本进行分组分析，并以利润率指标和利润率增长率代表盈利能力研究后发现，周期性行业对于经济周期波动对企业盈利能力所产生的影响相对于防御性行业更为敏感，具体表现为周期性行业相对于防御性行业在经济扩张期具有相对优势，在经济紧缩期具有相对劣势。

对于经济周期、行业周期性对企业盈利性影响的研究验证了周期性行业利润波动程度较大的特征，这一点与人们基于经验对周期性行业所形成的认识相吻合。但人们的经验认识并没能识别周期性行业利润波动的规律或根本原因何在。研究通过对不同经济时期的对比分析探究了周期性行业相对盈利能力变化的规律，揭示了周期性行业盈利波动的外在驱动因素和变化趋势，从而为人们对周期性行业的深层次认识与运行规律的识别做出了一定的贡献。

8.1.3 周期性行业企业的杠杆特征对企业盈利性的影响

对这一命题的验证，本书以采矿业这一典型的周期性行业为代表，进行了实证研究；同时，辅以中国远洋的案例分析来研究杠杆效应在个案中的实践效果。实证研究与案例研究结果证明了经营杠杆和财务杠杆的双刃剑作用。对该命题的检验虽然仅得到了代表性周期性行业的数据验证，但并不能说明其他行业以及周期性行业之外的行业不存在类似情况。只能说周期性行业的检验结果较为显著，能够得到较为明确的结论。

当市场低迷时（经济紧缩期），企业面临销售额下降的风险，经营杠杆与财务杠杆的提高会放大企业绩效下滑的幅度；但当市场回暖（经济扩张期），销售增长，经营杠杆与财务杠杆的存在也会使销售额小幅上升从而带来企业净利润的大幅上升。因此，对于经营杠杆和财务杠杆既不能谈杠杆色变、一概抵触；也不能任何时候都期待杠杆能够撬动更高的利润增长。杠杆究竟会为企业锦上添花，还是雪上加霜，都要取决于应用杠杆的时机。

8.2 政策性建议

在结合前述理论分析和实证研究的基础上，笔者从周期性行业企业自身的角度及行业和宏观政策调控者的角度提出以下三点政策性建议：

（1）行业内企业要加强行业研究，对行业发展趋势长期跟踪，做好前瞻性分析与部署工作。在本书第 2 章我们介绍过行业生命周期曲线的概念。行业发展通常具有波浪式上升下降、循环往复的过程，而周期性行业的波动特征尤其显著。因此，企业需要根据经济周期及行业周期每个阶段的特征，有针对性地采取与之相适应的财务战略，适时地把握机会提升企业的竞争力。本书的实证分析部分也已证明，在经济周期的扩张阶段和紧缩阶段，经营杠杆和财务杠杆会产生截然相反的作用。对于经营杠杆与财务杠杆的实证检验也发现，我国上市公司在财务管理实践中的确也践行了针对不同经济周期、不同阶段择时调整自己的资产与资本结构的方针。

但是，这种顺应经济周期的财务战略思路在行业拐点来临时如不能及时调整，在接下来的行业周期中就会产生杠杆的负面效果。在行业生命周期曲线中，

第8章 结论与政策性建议

最重要的时刻就是发生转折的时点,当一个行业迅速成长起来,发展到巅峰时刻,很自然地就会面临行业拐点的到来。这是由于业内外企业的盲目扩张会导致供给迅速上升,供需平衡关系的转变会带来价格的不断下跌,直至跌至经营者的价格底限,也就是与单位变动成本相近的价位才会不再继续下跌。此时,行业面临洗牌,经过一些产能的淘汰,行业才能重新迸发出生机。因此,当一个行业迎来最繁荣的鼎盛时期或最萧条的艰难阶段,业内企业的管理者一定要预见到行业拐点即将来临,并提前调整财务战略,迎接新的行业发展趋势。

(2)当企业处于不同的经济周期和行业周期中,特别是面临周期波段即将发生转折时,管理者应当有针对性地实施灵活的财务策略。企业管理者在制定财务策略时必须结合宏观经济环境与行业发展机遇,通过合理安排资产结构与资本结构,选择在有利的机会适度投资与举债以借助杠杆的作用使企业发展壮大;在不利的时机规避高杠杆所带来的不利影响。怎样才能适时、合理地应用杠杆的积极效应?有一个基本原则:在行业高峰期要特别谨慎,而在行业底部时则要特别进取。如果能够在行业拐点来临时适时地把握了机会,就会把竞争对手远远抛在后面。这一点对于周期性行业尤其适用,因为周期性行业相对于整体经济周期或防御性行业来说,波段性波动趋势更为明显,杠杆对周期性行业的发展会起到更为强烈的助涨助跌的作用。同时,由于固定资产规模巨大、固定资产达产期较长,杠杆策略的调整会有较为明显的滞后期,因此对这类企业来说,提前预判市场形势,根据市场需求部署未来的投资计划显得尤为必要。

当危机来临时,企业应如何自保以平安渡过?由于经营杠杆和财务杠杆二者都能够放大销售收入对利润以及每股收益的影响,因此简单来说,当行业上升趋势发生转折时，企业应当采取紧缩的财务战略，也就是大幅降低杠杆程度。具体怎样做呢？一方面卖掉固定资产，提高变现能力；另一方面用处置固定资产所得的现金还掉负债，降低破产风险。处置资产能够降低经营杠杆，并获得一定现金流；还掉负债会使财务杠杆下降，也就是减少了企业所需支付的利息，可以说是一箭双雕的财务策略。有人会说，企业的固定资产是用来支撑生产和销售的，固定资产减少又如何满足正常的经营需要呢？首先，应当想到在行业上行趋势发生逆转时，订单的减少是可以预料的。其次，在固定资产减少的情况下要想方设法提高设备利用率。例如，通过增加工人倒班、增加短期雇佣工人等方法。还可以采取售后回租的方法租赁设备，或者干脆外包生产，尽管这样会产生较高的租赁费或代理费，但长期来看却有助于企业度过寒冬。

此外，由于此时行业还处于巅峰，公司股价一般仍处在高位，公司可以利用资产处置所获得的现金流大举发行股票、赎回债券。这样处置的结果是，公司的资产总额不变，但资本结构却发生了转变。可以说，公司的经营层面没有任何变化，但因为杠杆的作用会导致亏损程度的不同。在危机中，亏损是很难避免的大概率事件，业内很多企业会面临破产的结局；而由于预见到行业转折点并且采取了相应的措施，会因此把损失压缩到最小。

行业生命周期曲线的另一个重要拐点就是当行业跌至谷底之后的重新爬升。犹如一年四季周而复始，寒冬过后春天必将来临。当一个行业在萧条中逐渐迎来行业发展曲线的底部，敏锐的企业领导者应当看到行业的冬天即将过去。如果一个企业在上一个转折点成功地执行了收缩战略，那么此时该企业应当是车间里留出空间添置新设备，账户里预留出大量现金伺机购买资产。此时，企业要采取的策略与繁荣至衰退的拐点时期恰为相反，企业应当举债（提高财务杠杆）筹集资金、购买设备（提高经营杠杆）扩大产能。

（3）本书对于周期性行业的研究结论不仅对于业内企业的财务管理战略具有指导意义，对于行业协同发展以及政府部门的宏观调控政策也具有重要的参考价值。当一个行业缺乏全局观念和协同管理时，业内的各个企业处于盲目竞争态势下，由于个体决策者缺乏对行业整体动态的预测和调控能力，各个独立决策者的合力作用会导致全行业产能的爆发式增长和产能过剩的供给条件恶化现象。因此，作为行业管理部门，如行业协会或是在业内具有重大影响力的领导者，应当在预见到行业周期的前提下，协同整个行业的力量来尽量平滑行业周期的波动趋势，减少行业发展的震荡趋势。

国家宏观经济部门则可以通过更为有力的货币政策与财政政策手段来调节行业周期的发展。在经济或行业发展趋于饱和时，政策管理部门的针对性宏观调控政策应当是收缩的，而不是进一步刺激行业扩张；当行业发展低迷时，应当采取扩张政策刺激行业发展。如果政策部门不能有效地预见到行业发展趋势的变化，特别是行业转折点的来临，就很有可能会在本该收缩时进一步扩张，导致行业发展过热，最终将很难避免急刹车的降温手段，从而强化周期性行业的周期性震荡。

8.3　局限性及研究展望

本书采取了各种不同的研究方法，选取了范围尽可能广泛的样本数据，进行了缜密的模型分析，得到了一些有意义的结论。但本书的研究方法和研究内容仍存在着一定的局限性，未来需要在此基础上进行更为深入和完善的研究。首先，对于中国经济周期的划分，虽然参照了其他学者的权威意见，但仍然存在一定的主观性。其次，对于经济周期的界定存在期限不同的划分标准，由于中国 A 股市场历史较短，无法得到很多期的较大范围样本的上市公司数据，也就无法基于长周期的经济周期进行周期界定与研究，只能将经济周期的划分建立于短周期的基础之上。最后，由于周期性行业具有各自不同的行业发展趋势与发展周期，因此笔者在研究资产结构与资本结构的杠杆效应时采用了以某一行业的实证分析结果代表整个周期性行业。虽然以个体企业的案例分析加以补充，但不能充分保证研究结论的普适性。如果能对更多行业，从更广阔的视角进行研究，想必会得到更加全面、更加令人信服的结论。

参考文献

[1] Agarwal R, Gort M. The Evolution of Markets and Entry, Exit and Survival of Firms [J]. Review of Economics and Statistics, 1996, 78(3): 489-498.

[2] Aggarwal R. Capital Structure Differences among Large Asian Companies [J]. ASEAN Economic Bulletin, 1990, 7(1): 39-53.

[3] Agiomirgianakis G, Voulgaris F, Papadogonas T. Financial Factors Affecting Profitability and Employment Growth: The Case of Greek Manufacturing [J]. International Journal of Financial Services Management, 2006(1): 232-242.

[4] Baker M, Wurgler J. Market Timing and Capital Structure [J]. Journal of Finance, 2002, 57(1): 1-32.

[5] Berger A N, Udell G F. Small Business Credit Availability and Relationship Lending: The Importance of Bank Organisational Structure [J]. Economic Journal, 2002, 112(477): 32.

[6] Bevan A A, Danbolt J. On the Determinants and Dynamics of UK Capital Structure [J]. Social Science Electronic Publishing, 2001.

[7] Bhamra H S, Kuehn L A, Strebulaev I A. The Aggregate Dynamics of Capital Structure and Macroeconomic Risk [J]. The review of Financial Studies, 2010, 23(12): 4187-4241.

[8] Bhandari L C. Debt/Equity Ratio and Expected Common Stock Returns: Empirical Evidence [J]. Journal of Finance, 1988, 43(2): 507-528.

[9] Booth L, Aivazian V, Demirguc-Kunt A, Maksimovic V. Capital Structures in Developing Countries [J]. Journal of Finance, 2001, 56(1): 87-130.

[10] Boudoukh J, Richardson M, Whitelaw R F. Industry Returns and the Fisher Effect [J]. Journal of Finance, 1994(49): 1595-1615.

[11] Bowen R M. Evidence on the Existence and Determinants of Inter-Industry Differences in Leverage [J]. Financial Management, 1982, 11(4): 10-20.

[12] Bradley M, Jarrell G A, Kim E H. On the Existence of an Optimal Capital Structure: Theory and Evidence [J]. Journal of Finance, 1984, 39(3): 857-878.

[13] Brown P, Ball R. Some Preliminary Findings on the Association between the Earnings of a Firm, Its Industry, and the Economy [J]. Journal of Accounting Research, 1967, 5(3): 55-80.

[14] Cook D O, Tang T. Macroeconomic Conditions and Capital Structure Adjustment Speed [J]. Journal of Corporate Finance, 2010, 16(1): 73-87.

[15] Corcoran P. Inflation, Taxes and Corporate Investment Incentives [J]. Federal Reserve Bank of New York Quarterly Review, 1977: 1-9.

[16] Czyzewski A B, Hicks D W. Hold onto Your Cash [J]. Management Accounting, 1992, 73(9).

[17] DeAngelo H, Masulis R W. Optimal capital structure under corporate and personal taxation [J]. Journal of Financial Economics, 1980, 8(1): 3-29.

[18] DeLong J B, Summers L. Equipment Investment and Economic Growth [J]. Quarterly Journal of Economics, 1990, 106(2): 445-502.

[19] Fischer E, Heinkel R, Zechner J. Dynamic Capital Structure Choice: Theory and Tests [J]. Journal of Finance, 1989, 44(1): 19-40.

[20] Gort M, Klepper S. Time Paths in the Diffusion of Product Innovation [J]. The Economic Journal, 1982, 92(367): 30-653.

参考文献

[21] Hackbarth D. Managerial Traits and Capital Structure Decisions [J]. Journal of Financial and Quantitative Analysis, 2008, 43(4): 843-881.

[22] Harris M, Raviv A. The Theory of Capital Structure [J]. The Journal of Finance, 1991, 46(1): 297-355.

[23] Jensen M C, Meckling W H. Theory of the Firm: Managerial Behavior, Agency Costs and Capital Structure [J]. Journal of Financial Economics, 1976(3): 305-360.

[24] Jensen M C. Agency Costs of Free-Cash-Flow, Corporate Finance, and Takeovers [J]. American Economic Review, 1986, 78(2): 323-329.

[25] Jin Q. Business Cycle, Accounting Behavior and Earnings Management. Ph. D. Dissertation. Hong Kong University of Science and Technology, 2005.

[26] Kester W C. Capital and Ownership Structure: A Comparison of United States and Japanese Corporations [J]. Financial Management, 1986, 15(1): 5-16.

[27] Klein A, Marquardta C. Can economic factors explain the rise in accounting losses over time? [J]. Working Paper, 2002.

[28] Klepper S, Graddy E. The Evolution of New Industries and the Determinants of Market Structure [J]. RAND Journal of Economics, 1990, 21(1): 27-44.

[29] Korajczyk R A, Levy A. Capital Structure Choice: Macroeconomic Conditions and Financial Constraints [J]. Journal of Financial Economics, 2003, 68(1): 75-109.

[30] Leland H E. Corporate Debt Value, Bond Covenants, and Optimal Capital Structure [J]. The Journal of Finance, 1994, 40(4): 1213-1252.

[31] Levya A, Hennessyb C. Why Does Capital Structure Choice Vary with Macroeconomic Conditions? [J]. Journal of Monetary Economics, 2007, 54(6): 1545-1564.

[32] Longstaff F A, Schwartz E S. A Simple Approach to Valuing Risky Fixed and Floating Rate Debt [J]. Journal of Finance, 1994, 103(50): 789-819.

[33] Masulis R W. The Impact of Capital Structure Change on Firm Value: Some Estimates [J].

Journal of Finance, 1983, 38(2): 107-126.

[34] Michaelas N, Chittenden F, Poutziouris P. Financial Policy and Capital Structure Choice in U.K. SMEs: Empirical Evidence from Company Panel Data [J]. Small Business Economics, 1999, 12(2): 113-130.

[35] Modigliani F, Miller M H. The Cost of Capital, Corporation Finance and the Theory of Investment [J]. American Economic Review, 1958, 48(353): 261-297.

[36] Myers S C. Determinants of Corporate Borrowing [J]. Journal of Financial Economics, 1977, 5(2): 147-175.

[37] Myers S, Majluf N. Corporate Financing and Investment Decisions: When Firms Have Information That Investors Do not Have [J]. Journal of Financial Economics, 1984(13): 187-221.

[38] Nejadmalayeri A. On the effect of the term structure of interest rates on corporate capital structure: Theory and evidence[J]. The University of Arizona, 2001.

[39] Nikolaos P E, Zoe F, Zoe V. Profit Margin and Capital Structure: An Empirical Relationship [J]. The Journal of Applied Business Research, 2002, 18(2): 85-88.

[40] Parrino R, Weisbach M S. Measuring Investment Distortions Arising from Stockholder-bondholder Conflicts [J]. Journal of Financial Economics, 1999, 53(1): 3-42.

[41] Qin D, Song H. Sources of investment inefficiency: The case of fixed-asset investment in China [J]. Journal of Development Economics, 2009, 90(1): 94-105.

[42] Rajan R G, Zingales L. What Do We Know about Optimal Capital Structure? Some Evidence from International Data [J]. Journal of Finance, 1995, 50(5): 1421-1460.

[43] Raymond, V. International investment and international trade in the product cycle [J]. International Executive, 1966, 8(4): 190-207.

[44] Robichek A A, Myers S. Problems in the Theory of Optimal Capital Structure [J]. Journal of Financial and Quantitative Analysis, 1966, 1(1): 1-35.

[45] Scott D F. Evidence on the Importance of Financial Structure [J]. Financial Management, 1972, 1(2): 45-50.

[46] Simerly R L, Li M. Environmental Dynamism, Capital Structure and Performance: A Theoretical Integration and an Empirical Test [J]. Strategic Management Journal, 2000, 21(1): 29-31.

[47] Stein J. Efficient capital markets, inefficient firms: A model of myopic corporate behavior [J]. Quarterly Journal of Economics, 1989, 104(4): 655-669.

[48] Stiglitz J E, Weiss A. Credit Rationing in Markets with Imperfect Information [J]. The American Economic Review, 1981, 71(3): 393-410.

[49] Taylor J B, Woodford M. Handbook of Microeconomics [J]. North Holland, 1999.

[50] Tian L, Han L, Zhang S. Business Life Cycle and Capital Structure: Evidence from Chinese Manufacturing Firms [J]. China & World Economy, 2015, 23(2): 22-39.

[51] Titman S, Wessels R. The Determinants of Capital Structure Choice [J]. The Journal of Finance, 1988, 43(1): 1-19.

[52] 才静涵, 刘红忠. 市场择时理论与中国市场的资本结构 [J]. 经济科学, 2006（4）: 59-69.

[53] 常颖, 孙丽颖. 上市公司资产结构与企业绩效关系的实证研究 [J]. 中国软科学, 2009（S2）: 159-165.

[54] 陈武朝. 经济周期、行业周期性与盈余管理程度——来自中国上市公司的经验证据 [J]. 南开管理评论, 2013（3）: 26-35.

[55] 陈小悦, 李晨. 上海股市的收益与资本结构关系实证研究 [J]. 北京大学学报（哲学社会科学版）, 1995（1）: 72-80.

[56] 董进. 宏观经济波动周期的测度 [J]. 经济研究, 2006（7）: 41-48.

[57] 郭鹏飞, 孙培源. 资本结构的行业特征：基于中国上市公司的实证研究 [J]. 经济研究, 2003（5）: 66-93.

[58] 郭志东, 苏红健. 企业无形资产与资产结构 [J]. 科技进步与对策, 2000（10）: 70-71.

[59] 洪锡熙，沈艺峰. 我国上市公司资本结构影响因素的实证分析 [J]. 厦门大学学报（哲学社会科学版），2000（3）：114-121.

[60] 黄少安，张岗. 中国上市公司股权融资偏好 [J]. 经济研究，2001（11）：12-27.

[61] 黄宪. 公司资本结构与经营绩效的实证分析 [J]. 经济研究导刊，2009（3）：41-42.

[62] 江龙，刘笑松. 经济周期波动与上市公司现金持有行为研究 [J]. 会计研究，2011（9）：40-46.

[63] 李传宪，朱渝. 民营上市公司资本结构与股权再融资绩效 [J]. 经济问题，2011（9）：57-60.

[64] 李庚寅，阳玲. 中小企业资本结构与盈利能力的实证研究——基于中小企业板中小企业上市前后数据的比较分析 [J]. 产经评论，2010（1）：132-144.

[65] 刘金全，于惠春. 我国固定资产投资和经济增长之间影响关系的实证分析 [J]. 统计研究，2002（1）：26-29.

[66] 刘树成，张连城，张平. 中国经济增长与经济周期 [M]. 北京：中国经济出版社，2015.

[67] 刘树成. 新中国经济增长60年曲线的回顾与展望——兼论新一轮经济周期 [J]. 经济学动态，2009（10）：3-10.

[68] 卢卡斯. 经济周期理论研究（中译本）[M]. 朱善利，译. 北京：商务印书馆，2012.

[69] 陆大兰. 资产结构与企业生命周期的关系——基于中国上市公司的研究 [M]. 厦门：厦门大学，2008.

[70] 陆正飞，辛宇. 上市公司资本结构主要影响因素之实证研究 [J]. 会计研究，1998（8）：34-37.

[71] 陆正飞，叶康涛. 中国上市公司股权融资偏好解析 [J]. 经济研究，2004（4）：50-59.

[72] 逯全玲. 资产结构、资本结构对企业绩效影响的实证研究 [J]. 市场周刊，2004（1）：24-59.

[73] 吕长江，韩慧博. 上市公司资本结构特点的实证分析 [J]. 南开管理评论，2001（5）：26-29.

[74] 吕长江，金超，陈英. 财务杠杆对公司成长性影响的实证研究 [J]. 财经问题研究，2006（2）：80-85.

[75] 倪红霞,徐拯声.资产结构与企业经营业绩内在关系[J].技术经济与管理研究,2003(6):110-111.

[76] 权小锋,吴世农.CEO权力强度——信息披露质量与公司业绩的波动性——基于深交所上市公司的实证研究[J].南开管理评论,2010,13(4):142-153.

[77] 石晓军,张顺明,李杰.商业信用对信贷政策的抵消作用是反周期的吗？ 来自中国的证据[J].经济学,2010(1):213-236.

[78] 苏冬蔚,曾海舰.宏观经济因素与公司资本结构变动[J].经济研究,2009(12):52-65.

[79] 孙晓涛.周期性行业论析[J].华北电力大学学报（社会科学版）,2012（3）:31-35.

[80] 王成勇.多机制半参数平滑转换回归模型——兼论我国宏观经济运行周期[J].数理统计与管理,2012,31（1）:96-104.

[81] 王娟,杨凤林.中国上市公司资本结构影响因素的最新研究[J].国际金融研究,2002(8):45-53.

[82] 王明虎,章铁生,顾银宽.上市公司财务问题[M].北京：经济管理出版社,2004.

[83] 吴联生,岳衡.税率调整和资本结构变动——基于我国取消"先征后返"所得税优惠政策的研究[J].管理世界,2006（11）:111-127.

[84] 吴树畅.融资结构、资产结构对企业绩效的影响[J].统计与决策,2003（8）:60-96.

[85] 肖作平.中国上市公司资本结构影响因素研究[J].博士论文,2004.

[86] 熊彼特.经济发展理论[M].郭武军,吕阳,译.北京：华夏出版社,2015.

[87] 徐雪,赵阳.新常态下的经济转型与"十三五"时期经济展望——中国经济增长与周期国际高峰论坛（2015）综述[J].经济社会体制比较,2015（5）:188-193.

[88] 杨远霞,易冰娜.资产结构、资本结构与盈利能力关系的实证研究——以湖南省上市公司为例[J].中南大学学报（社会科学版）,2012,18（2）:111-116.

[89] 袁放建,许燕红,刘德运.流动资产结构、债务再融资结构与企业价值的关系研究——基于传统行业上市公司的面板数据[J].中南大学学报（社会科学版）,2011（3）:16-20.

[90] 张建平.预警转折:关于产品生命周期与企业盈亏转折点先行指标研究[M].北京:中国财政经济出版社,2004.

[91] 张俊瑞.资产结构、资产效率与企业价值[J].管理评论,2012(1):127-138.

[92] 张连城.经济周期的制度特征与形成机制——兼及我国当前经济形势分析与展望[J].人民日报,2009-06-16.

[93] 张荣武.投资者过度自信与股票价格的实证经济周期视角[J].江汉论坛,2013(2):75-79.

[94] 张新民,王秀丽.解读财务报表——案例分析方法[M].北京:对外经济贸易大学出版社,2003.

[95] 中国人民大学宏观经济分析与预测课题组.中国宏观经济分析与预测(2015年中期)报告——低迷与繁荣、萧条与泡沫并存的中国宏观经济[J].经济理论与经济管理,2015(6):5-35.

[96] 中证指数有限公司.沪深300周期行业指数与沪深300非周期行业指数编制方案,2010.[EB/OL].(2010-05-08)[2017-09-02]. http://www.csindex.com.cn/sseportal/csiportal/zs/jbxx/report.do?code= 000968&&subdir=1.

[97] 中证指数有限公司.上证周期行业50指数与上证非周期行业100指数编制方案,2010.[EB/OL].(2010-10-12)[2017-10-05]. http://static.sse.com.cn/sseportal/cs/zhs/xxfw/flgz/temp/index_methodology_CN_000063n64.pdf.

[98] 周明生,郎丽华.新常态下的经济转型与"十三五"时期经济展望——中国经济增长与周期国际高峰论坛(2015)综述[J].经济社会体制比较,2015(8):184-192.

[99] 朱德新,朱洪亮.中国上市公司资本结构的选择——基于两种主要理论的检验[J].南方经济,2007(9):30-37.

[100] 邹东涛,欧阳日辉.发展和改革蓝皮书[M].北京:社会科学文献出版社,2008.

致　谢

本书是在我的博士论文的基础上撰写而成的。

作为一个博士期间晋级新妈妈的大龄女博士，我的博士求学历程与奶妈身份融为一体。很多朋友对读博有一种误解，以为这是一种以赋闲为主的自由职业。而事实上，在孩子的哺育期，我外出学习的时间比一般的上班族只多不少。研究工作需要专心致志，面临巨大的学业压力，我只好像一个上班族一样每天拎着电脑出门，奔赴变化不定的自习地点，为了完成论文而孜孜不倦。小儿呀呀学语时每天都会说"妈妈上班、妈妈下班"。然而，我毕竟不是真的去上班。上班族每周工作五天，而我几乎没有周六日；上班族的工作地点一般是确定的，而我每天出门前经常要纠结一下今天去哪里学习呢？

作为奶妈自然不能离家太久。30公里外的学校和国家图书馆虽然有最理想的学习环境，但却望尘莫及。我的住处位于北京西北六环边上一个偏僻的园区，方圆10公里内找不到一处大学或公共图书馆，离家最近的是15公里外的中国农业大学。这所开放式的大学校园为我完成学业提供了莫大的帮助，这里一度曾是我学习的主战场。虽然不能像本校学生一样使用校园网，也进不去图书馆，只能在教学楼里寻找暂时没课的教室，但我已经十分知足。有桌椅、有电源、有温暖而安静的房间，还有什么其他的奢求呢？遗憾的是，每到寒暑假，这个教学楼也不再开放了。在这期间，寻找自习地点就真的成了一场游击战。我曾经骑着自行车转遍了百度地图上标明的附近任何的可能的目标，包括一个封闭式管理的成人教育学院，一个非检查时期一律铁将军把门的村立图书馆，一个打了多次电话都得不到答复的镇立图书馆。最终，我能找到的自习地点是楼下的火素餐厅、园区食堂、园区里的上岛咖啡等。虽然在每个地点都只是完成了一些零零散散的工作，但正是这些碎片衔接起来，才形成了最终的成果。可以说，如果中间有一个环节缺失，我都无法完成今天的工作。特别要感谢的是小区里的一位热心妈妈刁利，她帮我找了一个工位，位于他们单位大办公室的一个角落。在那三个月里，我的研究工作颇有效率。在毕业论文最后的攻坚阶段，我干脆在附近的村子里租到了一处僻静而简洁的小屋，从此算是有了固定的自习室。这个夏天蚊子成群、冬天窗户结冰的陋室，为我提供了一方十分清静的思索空间。我的博士毕业论文也正是诞生于此。

回顾这些过往的学习经历，带给我最深刻的感受却并不是辛苦。在读博期间，同时收获孩子和学术成果，除了幸运我不知道还能怎样表达。即便辛苦，也是出于自已的选择；即便辛苦，我也感恩这份磨炼。事实上，孩子的到来不仅没有阻碍我的学术工作，反而激发出了我的最佳工作状态。越是在稀缺的状态下，资源才越显其可贵。正是因为带孩子让我的时间变得紧张而有限，我才深刻地体会到时间的宝贵，学习热情和工作效率得到了空前的提高。也许，我能如期完成学业，恰恰是要感谢宝宝的"添乱"。当然，还要感谢我的家人。正是他们承担了大量繁重的家务工作、育儿工作，才使我能够安心投入研究工作。没有家人的支持与默默奉献，我的理想也只能是一纸空谈。

致　谢

除了学习和生活中的各方援助，一个博士研究生的成功出炉，无疑离不开导师的用心栽培。恩师张建平教授以其博大精深的学术底蕴、严谨的治学态度引领我在研究的道路上孜孜前行。老师从我一入学起就不断督促、鞭策我的研究工作，并在选题、框架、研究意义乃至细致的文辞方面都给予悉心的指导。4 年来，作为老师的助教，我有幸得以多次聆听老师在专业领域的精辟见解，受益颇深。没有恩师高屋建瓴的学术思想与谆谆教导，我的学术研究成果也就无从谈起。然而，我从老师那里汲取的养分又何止专业知识和学术思想呢？老师的思想境界与人格魅力仿佛人生路上的指明灯，让我领悟了很多人生道理，引领我形成了更加豁达的人生态度。这是远比学术知识更为重要和深远的影响，将伴随我更加长久的人生岁月。师恩浩荡，常在我心。

除了学术导师之外，我在学业上的成长也离不开国际商学院管理团队及教学团队的悉心指导。在此，特别感谢在研究方法上给我提出宝贵指导意见的张新民教授、在审计研究领域无私给予我专业指导的叶陈刚教授，以及推荐我入学并一直关怀我学术成长的王秀丽教授、蒋屏教授。我还要致谢我的本科导师金南顺教授。金老师不仅是我进入学术殿堂的引路者，20 年来还始终不断鞭策与激励我的成长，老师的无私关怀常让我感念至深。

此外，也一并致谢所有帮助过我的同学们：在我博士入学考试时提供了宝贵建议的朱爽学长，在学术与计量方法上为我解惑答疑的刘子亚学姐，手把手教我入门学习计量软件的同班同学宋春霞……然而，要致谢的人又如何能够一一列举？国际商学院的所有领导、老师，还有诸多同门、同学，太多人给我提供了无私的帮助。

有人说，当你真心想做一件事的时候，全世界都会帮助你。的确，我是非常幸运的，得到了如此之多的帮助。反过来，我也想说，一个人能做成一点事，绝不是仅靠自己的努力就能实现的。正是有了全世界的帮助,才成就了今天的你。就好像链条中的一个个环节,缺失了任何一个都不能顺利地进行下去。这些无私的帮助我无以回报,只有将这份爱传递出去,为社会和其他人提供更多的帮助,在别人需要帮助的时候伸出援手,我想这也是对帮助过我的人的最好的回馈。

已发表的学术论文与研究成果

[1] Qiuli, Wujun，Nuclear Safety Culture Construction in Nuclear Power Design Enterprise on the Perspective of Knowledge Workers in China，（EI）ISBN: 9780791855829, 2014.

[2] 刘子亚，张建平，裘丽.对赌协议在创业板的实践结果 [J].技术经济与管理研究，2015（1）.

[3] 张建平，黄悦嘉，刘祖基.公司理财精要（第七版）[M].裘丽，译.北京：人民邮电出版社，2015.

[4] 叶陈刚，裘丽，张立娟.公司治理结构、内部控制质量与企业财务绩效 [J].审计研究，2016（2）

[5] 裘丽，张建平.周期性行业的企业杠杆特征——基于中国 A 股上市公司的经验研究 [J].当代财经，2016（4）.

[6] 张建平，裘丽，刘子亚.股权结构、代理成本与企业经营绩效 [J].技术经济与管理研究，2016（5）.